...ULPTURES

...DU LUXEMBOURG.

PRIX, 75 CENT.

...MUSÉES IMPÉRIAUX

MUSÉE IMPÉRIAL

DU LUXEMBOURG.

PRIX : 75 c.

NOTICE

DE

PEINTURES, SCULPTURES

ET DESSINS

DE L'ÉCOLE MODERNE DE FRANCE

EXPOSÉS DANS LES GALERIES

DU

MUSÉE IMPÉRIAL DU LUXEMBOURG.

PRIX : 75 CENT.

PARIS

CHARLES DE MOURGUES FRÈRES,

IMPRIMEURS DES MUSÉES IMPÉRIAUX

RUE JEAN-JACQUES ROUSSEAU, 8.

1867

A MONSIEUR LE COMTE DE NIEUWERKERKE,

Surintendant des Beaux-Arts.

MONSIEUR LE SURINTENDANT,

Au moment où vous fixez à nouveau les bases des services divers qui relèvent de votre administration, j'ai l'honneur d'appeler votre sollicitude sur le Musée du Luxembourg. Il vous paraîtra d'autant plus utile d'en régler d'une manière précise l'organisation, qu'elle touche en même temps à l'avenir des collections nationales du Louvre et aux intérêts les plus délicats des artistes vivants.

Le Musée du Luxembourg, consacré aux ouvrages des peintres et sculpteurs contemporains, et formant à distance la continuation naturelle de vos galeries de l'École française au Louvre, n'a été, dans son origine, qu'une compensation de richesses pour le palais qu'il décore.

Le palais de Marie de Médicis fut, en effet, dès sa fondation, et n'a jamais cessé d'être un sanctuaire d'art.

La reine régente, que son sang et son nom prédestinaient à protéger les artistes, avait appelé à le décorer et Duchesne, et Jean Mosnier, et Quentin Varin, et Ph. de Champaigne; le Poussin, dans sa jeunesse, fut employé « à quelques petits ouvrages dans certains lambris des appartements ». *L'inventaire général des tableaux du roi, fait en* 1709 *et* 1710 *par le sieur Bailly, garde desdits tableaux*, nous montre encore, au commencement du XVIIIe siècle, la *Chambre des Muses* ornée des panneaux des neuf sœurs, attribuées à Gentileschi, et présidées par une *Minerve française*, de Ph. de Champaigne, qui a remplacé l'Apollon, inscrit ailleurs sous le titre d'*Orphée* (pauvres peintures bien usées aujourd'hui et conservées dans les magasins du Louvre);—dans la grande chapelle, un *Jésus-Christ porté au tombeau*, de CHAMPAGNE LE VIEUX; — un *Hercule filant auprès d'Omphale*, de S. VOUET; — et dans le *Cabinet doré*, sous l'éternel nom de JEANET, huit tableaux historiques, dans presque tous lesquels figurent la reine Catherine de Médicis ou le cardinal de Lorraine. Ce même *Cabinet doré* contenait quatre tableaux et neuf tableaux en plafonds du vieux MOSNIER, représentant des sujets allégoriques à la gloire de la reine Marie de Médicis. L'un de ces tableaux est au Louvre; deux autres ont trouvé place dans la décoration de la salle moderne du *Livre d'or* au Luxembourg.

Mais ce qui a fait pour toujours et à bon droit oublier tout le reste, ce fut cette galerie de Médicis, où le maître respecté du Poussin manqua l'occasion de sa gloire, et où Rubens déroula les vingt-quatre toiles splendides qui devaient rester pendant deux siècles l'école la plus suivie de nos peintres.

M. Villot, en tête du Catalogue qu'il a donné des trois dernières expositions du Musée du Luxembourg, a raconté, dans une savante introduction, l'histoire des diverses collections de tableaux qui occupèrent, depuis 1750, les appartements du palais. Il a recueilli les témoignages contemporains sur ce grand événement des plus fameux tableaux du Cabinet du Roi, livrés pour la première fois au public, et qui fut le précieux point de départ de notre galerie nationale. L'idée, toute simple qu'elle nous puisse sembler aujourd'hui, apparut justement alors tellement heureuse et tellement féconde pour le progrès des arts, que chacun en revendiqua l'honneur, et M. de Tournehem et M. de Marigny la disputèrent à un ingénieux critique de salons, La Font de Saint-Yenne, qui l'avait produite, en 1747, dans ses *Réflexions sur quelques causes de l'état présent de la peinture en France.* On a même fait remonter l'initiative de cette noble pensée à la sœur de M. de Marigny, la toute puissante marquise de Pompadour; pleine d'ambition pour les arts qu'elle cultivait, Mme de Pompadour pourrait, en effet, avoir été le véritable promoteur d'une idée populaire parmi les artistes, et qui s'accommodait si bien avec ses grands projets d'achèvement du Louvre.

Mais il fallut quarante ans encore pour que le Louvre fût prêt à recevoir les chefs-d'œuvre du Cabinet du Roi, et jusque-là ce fut le Luxembourg qui leur livra ses galeries et ses appartements restés inoccupés depuis la mort, en 1742, de la reine d'Espagne, fille du Régent.

Pendant les trente années, de 1750 à 1780, les curieux et les étrangers purent admirer et étudier librement dans le même palais, — l'incomparable série de Rubens représentant la vie de Marie de Médicis, et décorant, comme chacun sait, la galerie droite, aujourd'hui détruite, et dont une partie sert de cage à l'escalier d'honneur du Sénat, — et puis répartis dans l'autre galerie parallèle, aujourd'hui remplie par nos grandes toiles modernes, et dans les vastes appartements intermédiaires de la feue reine, une centaine des œuvres les plus célèbres que possédât la France, de Raphaël, du Corrège, d'André del Sarte, du Titien, de Paul Véronèse, du Caravage, du Poussin, de Claude, de Rubens, de Van-Dyck, de Rembrandt, etc. Joignez à cela certains superbes dessins de Raphaël et du Poussin, lesquels ne rentrèrent dans les portefeuilles que dévorés par une si longue exposition.

Dans les derniers jours de 1779, le Luxembourg fut donné en apanage à Monsieur, comte de Provence, et l'on retira du palais le bien du Roi, c'est-à-dire les tableaux de son Cabinet et les grandes toiles de Rubens; on les destina dès-lors « à faire partie de la collection qui enrichira le Muséum du Louvre. »

Vingt ans se passent; le palais, tombé en pleine dégradation, se restaura d'abord pour le Directoire, puis pour le Sénat. L'architecte Chalgrin n'acheva ses travaux qu'en 1804; mais dès 1801, sur la demande des préteurs du Sénat, Chaptal, ministre de l'intérieur, décida la création du Musée du Luxembourg, et « le 18 janvier 1802, J. Naigeon en fut nommé conservateur, avec mission de l'organiser et de faire restaurer les peintures en mauvais état. Naigeon avait rendu de grands services comme membre de la commission des arts, en 1793, et comme conservateur du dépôt de l'hôtel de Nesle, où il rassembla tout ce qu'il put sauver des collections formées par les plus célèbres amateurs de l'époque. »

L'année 1802 n'était pas finie que Naigeon avait réuni les éléments de son Musée, et avec beaucoup de discernement. Les Rubens en formaient naturellement la tête; puis il avait choisi cinq tableaux divers de ce Ph. de Champaigne qui avait tant travaillé jadis à la décoration du palais, et qui l'avait même habité longtemps; puis il était allé chercher à Versailles, dans le Musée de l'École française, les tableaux de la vie de saint Bruno, peints par Le Sueur pour le cloître des Chartreux, les plus proches voisins du Luxembourg; puis, dans ce cloître des Chartreux, Naigeon avait encore trouvé les deux autres Le Sueur, représentant le *Plan de la Chartreuse* et la *Dédicace de l'église*, et, en outre, les vingt paysages peints sur les volets destinés à couvrir les tableaux de Lesueur; enfin, il s'était fait livrer, au Ministère de la marine, la suite des ports de France, par Jos. Vernet et Hue, et le nom de *salle des Vernet* en est resté à cette enfilade de salles dont l'espace faisait primitivement partie de la galerie de Médicis. En formant de ces diverses collections capitales le Musée du Sénat conservateur, Naigeon assurait au Luxembourg une incontestable importance et l'empressement des curieux, et du même coup soulageait la grande galerie du Louvre, qui s'accommode peu de telles séries et qui en noie l'intérêt.

Naigeon, pour compléter son musée, recueillit à droite et à gauche un Raphaël, un Poussin, un Rembrandt, un Titien, un Ruysdael, un Terburg, un Van Velde, et la collection dura ainsi de 1803 à 1815. En 1815, les alliés, en se retirant, ont remporté le butin de nos conquêtes; il faut combler les lacunes du Louvre, et les Rubens et les Le Sueur y sont rappelés. Il ne reste plus au Luxembourg que 17 tableaux anciens, et les 17 eux-mêmes retourneront au Musée royal en 1821.

Mais la galerie de la Chambre des Pairs ne pouvait rester sans tableaux, et de ce moment date la vraie création de notre Musée actuel. Louis XVIII ordonna que cette galerie fût consacrée aux ouvrages des artistes nationaux vivants, et le 24 avril 1818 elle se rouvrait avec 74 tableaux de l'École française contemporaine. Bientôt, grâce à l'activité de Naigeon, on y put voir l'œuvre presque complet de David, les *Horaces*, et le *Brutus*, et la *Mort de Socrate*, prêtée par M. de Verac, et *Pâris et Hélène*, enfin les *Sabines* et le *Léonidas*.

Ce que le Louvre, depuis lors, a possédé de plus important entre les œuvres de Prud'hon, de Gérard, de Guérin, de Granet, etc., le public l'avait déjà admiré au Luxembourg. C'est là que, dans quelques mois vous allez encore trouver à moissonner à pleines mains.

Permettez-moi, Monsieur le Surintendant, de rappeler maintenant à votre mémoire deux questions bien importantes pour l'avenir de ce Musée.

La France a toujours été hospitalière et généreuse aux artistes étrangers. Son ancienne Académie royale de Peinture et de Sculpture admettait parmi ses membres et par suite à ses expositions les plus illustres d'entre eux; et c'est ainsi que le Louvre et Versailles possèdent certaines œuvres de la Rosalba, de Lundberg, de Panini, de Roslin, de Sergell et de tant d'autres. — Nos expositions, depuis cinquante ans, n'ont jamais cessé d'être universelles, en ce sens que toute œuvre qui s'y est présentée, signée d'un nom réputé, soit en Angleterre, soit en Belgique, soit en Allemagne, soit à Rome, soit à Madrid, y a été accueillie et étudiée avec faveur ; vous-même, Monsieur le Surintendant, n'avez clos aucun des salons qui se sont ouverts sous votre direction, sans acquérir les plus méritoires des œuvros étrangères, lesquelles ont été jusqu'ici distribuées par vous aux meilleurs musées de la province. Mais le Louvre, après la mort de ces artistes dont les choix de l'Empereur et les encouragements de l'administration des Beaux-Arts consacraient en France la notoriété, courait risque de n'avoir, pour sa part, aucun échantillon de leur talent, et vous avez pensé avec justice qu'une salle du Luxembourg pourrait vous garder en réserve les plus précieux morceaux des artistes étrangers se produisant à nos expositions et dont la place était marquée d'avance dans la grande histoire de l'art que le Louvre montre et devra éternellement montrer à l'Europe. De même que le Louvre présenterait la série des écoles anciennes de tous pays, le Luxembourg offrirait aux curieux des types heureux des diverses écoles vivantes de ces mêmes nations. La France, si libérale dispensatrice de ses enseignements et dont les grands artistes contemporains ont répandu si loin leur influence par de là nos frontières, devait d'ailleurs cette réciprocité à des voisins qui gardent avec courtoisie dans leurs galeries royales ou publiques, au milieu de leurs trésors nationaux, des tableaux choisis de nos plus excellents peintres. — Déjà un tout petit nombre d'ouvrages étrangers se trouvait, comme par hasard, mêlé aux peintures françaises de la galerie du Luxembourg ; dès que ce nombre se sera suffisamment accru pour former un groupe respectable, vous avez décidé qu'une salle leur serait consacrée auprès de nos compatriotes ; — juste gloire pour ces étrangers, précieux point d'étude pour nous.

Le catalogue de la nouvelle exposition du Luxembourg dont j'ai l'honneur de vous soumettre les épreuves, est certainement plus abondant en noms d'artistes qu'aucun de ceux qui l'aient précédé.

Mais aussi j'ai le triste pressentiment qu'avant quelques mois la galerie dont vous m'avez confié la garde va être privée de ses noms les plus populaires. La mort a cruellement fauché, dans ces dernières années, l'élite sacrée de nos peintres, et le Louvre se hâte de préparer la salle qui devra contenir, à côté de Léopold Robert, de Sigalon, et de Granet, et de Delaberge, et de Bonington, nos meilleures toiles de Delacroix, de Delaroche, de Scheffer, de Decamps, de Roqueplan, de Saint-Jean, de Benouville, et du dernier des Vernet.

Une tradition, que je ne trouve confirmée par aucune décision officielle, et que je vois tout au contraire violée régulièrement à la mort de chacun des artistes un peu renommés de notre siècle, prétendait que « dix ans seulement après la mort de leurs auteurs, les ouvrages les plus remarquables acquis pour le Luxembourg par la Liste civile et l'État, seraient choisis pour les galeries du Louvre, où ils viendraient prendre place à côté de ceux de leurs illustres prédécessseurs et continuer l'histoire de l'art français. » — Cette tradition, Monsieur le Surintendant, je crois fermement qu'elle était saine et bonne, et au point de vue de l'absolue justice, je trouve que son délai n'avait rien d'exagéré. Dix années sont un bien court espace quand il s'agit de mûrir le jugement de la postérité ; et humilier par des œuvres médiocres, l'école moderne au Louvre où le diapason est si haut, n'est ni nécessaire, ni patriotique. Le Luxembourg est la salle d'attente du Louvre : de là l'intérêt immense et passionné qu'ont les artistes à voir leurs œuvres admises dans cette galerie ; de là aussi les efforts non moins passionnés et impatients de la famille et des amis de l'artiste mort pour faire franchir à ses ouvrages la barrière qui le sépare de la suprême consécration, j'allais dire de l'apothéose. Entre l'illusion profondément respectable et touchante des enfants de l'artiste ou des élèves qui vivent de ses principes, et le travail d'impartiale équité qui s'opère lentement dans le goût du public, un terme était à trouver ; la tradition, à mon avis, ne se trompait guère : dix ans suffisent à peine pour dégager la valeur vraie d'un peintre de l'engouement passager de son époque ou de la séduction de ses qualités ou de ses amitiés humaines ; d'autre part, il est tels artistes qui tiennent une si haute place dans l'école de leur temps, que l'acclamation universelle semble leur ouvrir à deux battants les portes du Louvre, et vous avez jugé que pour établir une loi praticable et désormais respectée, il valait mieux abréger l'épreuve, quitte à bien défendre l'entrée de votre galerie nouvelle, et à faire entendre aux artistes que si beaucoup sont appelés ici, quelques-uns seulement doivent être élus là-bas. La suprême noblesse de l'art et l'austère sévérité de son histoire le veulent ainsi.

Je vous prie donc, Monsieur le Surintendant, de vouloir bien consacrer par votre approbation définitive, la double résolution suivante :

Lors du prochain remaniement de la galerie du Luxembourg, une salle spéciale sera consacrée aux ouvrages contemporains des artistes étrangers.

A partir de ce même remaniement, les ouvrages de tous les artistes morts antérieurement, devant être retirés de la galerie, les peintures, sculptures ou dessins qui seront désormais admis au Luxembourg, ne pourront faire partie des galeries du Louvre que cinq ans après la mort de leurs auteurs.

Veuillez agréer, Monsieur le Surintendant, l'expression de mon respectueux et entier dévouement.

Le Conservateur-Adjoint des Musées impériaux, chargé Musée du Luxembourg et des expositions d'Art.

PH. DE CHENNEVIÈRES.

15 Octobre 1863.

Approuvé :

Le Surintendant des Beaux-Arts,

Comte DE NIEUWERKERKE.

BIBLIOGRAPHIE

DES

NOTICES DES PEINTURES ET SCULPTURES

EXPOSÉES AU MUSÉE DU LUXEMBOURG

DEPUIS 1750 JUSQU'EN 1863.

---

1. — Catalogue des tableaux du Cabinet du Roy, au Luxembourg, dont l'arrangement a été ordonné, sous le bon plaisir de Sa Majesté, par M. de Tournehem, directeur général des bâtiments, jardins, arts et manufactures de S. M.; mis en ordre par les soins du sieur Bailly, garde des tableaux du Roy. L'ouverture s'en fera le 14 octobre de la présente année, les mercredi et samedi de chaque semaine, depuis neuf heures du matin jusqu'à midi, jusqu'à la fin d'avril 1751, et depuis le premier may 1751 jusqu'au mois d'octobre suivant; on n'y entrera qu'à trois heures après midi jusqu'à six heures du soir. —A Paris, de l'imprimerie de Prault père, quai de Gèvres, au Paradis. — M. DCC. L. — Avec permission. — In-12 de 47 pages et 96 numéros, sans y compter la galerie de Rubens. — Le permis d'impression est du 11 octobre.

2. — Catalogue des tableaux du Cabinet du Roy, au Luxembourg; quatrième édition, revue et corrigée. — Paris, de l'imprimerie de Prault père, quai de Gèvres, au Paradis. — M. DCC. LI. — In-12, 44 pages, vj pages d'avertissement, 96 numéros, non compris les 21 tableaux de Rubens. (Il est évident qu'il existe une 2e et une 3e éditions, que nous n'avons pas encore pu nous procurer.)

3. — Catalogue des tableaux du Cabinet du Roy, au Luxembourg; nouvelle édition, revue, corrigée et augmentée de nouveaux tableaux. — A Paris, de l'imprimerie de Pierre-Alexandre Le Prieur, imprimeur du Roy, rue Saint-Jacques, à l'Olivier.—M. DCC. LXI. — Avec permission. — In-12 de 48 pages, vj pages d'avertissement, 109 numéros, sans compter la galerie de Rubens.

4. — Même titre. — In-12 de 48 pages et 110 numéros, formant 28 pages. — 1762.

5. — Catalogue des tableaux du Cabinet du Roy, au Luxembourg; nouvelle édition, revue, corrigée et augmentée de nouveaux tableaux. — Paris, de l'imprimerie de Pierre-Alexandre Le Prieur, imprimeur du Roy, rue Saint-Jacques, à l'Olivier.—1768.—In-12, 48 pages, sans compter l'avertissement de 4 pages; 110 numéros, non compris les 21 tableaux de la galerie de Rubens.

6. — Catalogue des tableaux du Cabinet du Roy, au Luxembourg; nouvelle édition, revue, corrigée et augmentée de nouveaux tableaux. — A Paris, de l'imprimerie de Clousier, rue Saint-Jacques —M. DCC. LXXIX. —Avec permission. —In-12 de 48 pages, 110 numéros.

7. — Explication des tableaux, statues, bustes, etc., composant la galerie du palais du Sénat, rétablie par ordre du Sénat conservateur. Elle comprend : la galerie de Rubens; le petit cloître des chartreux, de Le Sueur; les ports de France, par Vernet, avec la suite par le cit. Hue. — Prix, 75 cent. — A Paris, de l'imprimerie de P. Didot l'aîné, imprimeur du Sénat, aux galeries du Louvre. An XI. — M. DCCC. III. — In-12, 62 pages, 109 numéros.

8. — Explication des tableaux, statues, bustes, etc., composant la galerie du Sénat conservateur, rétablie par ses ordres................ An XII. — M. DCCC. IV. — In-12 de 71 pages, 117 numéros. (Le numérotage est entièrement changé. — Il existe deux tirages : dans le premier, les pages 29 et 30 sont blanches, et ne renferment pas, comme dans le second, la description du tableau allégorique consacré à la mémoire de Le Sueur.)

9. — Explication des tableaux, statues, bustes, etc., composant la galerie du Sénat conservateur, rétablie par ses ordres. Elle comprend : la galerie de Rubens; le petit cloître des chartreux, de Le Sueur; les ports de France, par Vernet, avec la suite par M. Hue. — Prix, 75 cent. —Au profit de l'établissement. —A Paris, de l'imprimerie de P. Didot l'aîné, imprimeur du Sénat, rue du Pont-de-Lodi. — M. DCCC. VI. — In-12 de 71 pages, 120 numéros.

10. — Explication des tableaux, statues, bustes, etc., composant la galerie du Sénat conservateur, rétablie par ses ordres. Elle comprend : la galerie de Rubens; le petit cloître des chartreux, de Le Sueur; les ports de France, par Vernet, avec la suite par M. Hue. — Prix, 75 cent. — Au profit de l'établissement. — A Paris, de l'imprimerie de P. Didot l'aîné, imprimeur du Sénat, rue du Pont-de-Lodi. — M. DCCC. XI. — In-12 de 72 pages, 121 numéros.

11. — Explication des tableaux, statues, bustes, etc., composant les galeries du palais de la Chambre des pairs de France. Elle comprend la galerie de Rubens; le petit cloître des chartreux, de Le Sueur; les ports de France, par Vernet, avec la suite, par M. Hue, etc. — Prix, 75 cent. — Au profit de l'établissement. — A Paris, de l'imprimerie de P. Didot l'aîné, imprimeur de la Chambre des pairs de France, rue du Pont-de-Lodi, n° 6. — 1814. — In-12 de 72 pages, 121 numéros. (Cette notice est pareille à la précédente, mais porte l'écusson aux trois fleurs de lis.)

12. — Explication des tableaux, statues, bustes, etc., composant la galerie de la Chambre des pairs. Elle comprend la galerie de

Rubens; le petit cloître des chartreux, de Le Sueur; les ports de France, par Vernet, avec la suite par M. Hue. — Prix, 1 fr. — Au profit de l'établissement. — Paris, de l'imprimerie de P. Didot l'aîné, imprimeur du roi, rue du Pont-de-Lodi, n° 6. — 1815. — In-12, 75 pages, 101 numéros, y compris les sculptures.

13. — Explication des tableaux, statues, bustes, etc., composant la galerie de la Chambre des pairs. Elle comprend la galerie de Rubens; le petit cloître des chartreux, de Le Sueur; les ports de France, par Vernet, avec la suite par M Hue. — Prix, 1 fr. — Au profit de l'établissement. — A Paris, de l'imprimerie de P. Didot l'aîné, imprimeur du Roi, rue du Pont-de-Lodi, n° 6. — 1816. — In-12 de 74 pages, 130 numéros.

14. — Explication des ouvrages de peinture et de sculpture de l'École moderne de France, exposés le 24 avril 1818 dans le Musée royal du Luxembourg, destiné aux artistes vivants. — Prix, 1 fr. — Au profit de l'établissement. — A Paris, de l'imprimerie de P. Didot l'aîné, chevalier de l'ordre royal de Saint-Michel, imprimeur du Roi. — 1818. — In-12 de 88 pages, 112 numéros. (Les numéros 73 à 89 sont encore des tableaux anciens.)

15. — Même titre et même année, mais avec un faux-titre différent. Celui de la notice précédente porte : *Galerie royale du Luxembourg;* celui-ci : *Musée royal du Luxembourg*, dénomination conservée dans les notices suivantes. — In-12 de 87 pages, 115 numéros. (Les tableaux anciens occupent les numéros 75 à 91.)

16. — Même titre. — 1819. — In-12 de 87 pages, 115 numéros.

17. — Même titre. — 1820. — In-12 de 82 pages, 97 numéros. (C'est le premier livret où disparaissent les tableaux anciens.)

18. — Explication des ouvrages de peinture et de sculpture de l'École moderne de France, exposés le 25 août 1822 dans le Musée royal du Luxembourg, destiné aux artistes vivants. — Prix, 1 fr. — Au profit de l'établissement. — A Paris, de l'imprimerie de J. Didot l'aîné, rue du Pont-de-Lodi, n° 6. — 1822. — In-12 de 86 pages, 127 numéros.

19. — Explication des ouvrages de peinture et de sculpture de l'École moderne de France, exposés le 25 mai 1823 dans le Musée royal du Luxembourg, destiné aux artistes vivants. — Prix, 1 fr. — Au profit de l'établissement. — A Paris, de l'imprimerie de J. Didot l'aîné, rue du Pont-de-Lodi, n° 6. — 1823. — In-12 de 84 pages, 140 numéros.

20. — Explication des ouvrages de peinture et de sculpture de l'École moderne de France, exposés depuis le 25 mai 1823 dans le Musée royal du Luxembourg, destiné aux artistes vivants. — Prix, 1 fr. — Au profit de l'établissement. — A Paris, imprimerie de J. Didot aîné, rue du Pont-de-Lodi, n° 6. — 1824. — In-12 de 84 pages 140 numéros.

21. — Explication des ouvrages de peinture et de sculpture de l'École

moderne de France, exposés depuis le 1er mars 1825 dans le Musée royal du Luxembourg, destiné aux artistes vivants. — Prix, 1 fr. — A Paris, imprimerie de J. Didot aîné, rue du Pont-de-Lodi, n° 6. — 1825. — In-12 de 87 pages, 157 numéros. (On fit dans la même année une nouvelle édition de cette notice, avec le même titre, quoique différente de la première. Cette deuxième édition a 78 pages et 158 numéros.)

22. — Même titre. — 1827. — In-12 de 75 pages et 160 numéros.

23. — Explication des ouvrages de peinture et de sculpture de l'École royale de France dans le Musée royal du Luxembourg, destiné aux artistes vivants. — Prix, 1 fr. — Paris, imprimerie de Jules Didot l'aîné, rue du Pont-de-Lodi, n° 6. — Juin 1828. — In-12 de 72 pages et 148 numéros (en comptant le dernier ouvrage non numéroté).

24. — Même titre avec la date. — 1er novembre 1828. — In-12 de 78 pages et 147 numéros.

25. — Même titre. — 1er novembre 1829. — In-12 de 75 pages et 145 numéros.

26. — Même titre. — 1er mai 1830. — In-12 de 75 pages et 148 numéros.

27. — Explication des ouvrages de peinture et de sculpture de l'École moderne de France, exposés dans le Musée royal du Luxembourg, destiné aux artistes vivants. — Prix, 1 fr. — Paris, Vinchon, fils et successeur de Mme veuve Ballard, imprimeur des Musées royaux, rue J.-J. Rousseau, n° 8. — Mai 1831. — In-12 de 64 pages, 134 numéros. — C'est le premier livret sur le titre duquel apparaît en fleuron la charte de 1830.

28. — Même titre. — Octobre 1831. — In-12 de 66 pages et 158 numéros (nouvelle édition). — C'est le premier livret dans lequel on ait ajouté à la suite de chaque ouvrage l'année du salon où il a été exposé.

29. — Même titre. — 1833. — In-12 de 72 pages et 180 numéros.

30. — Même titre. — 1834. — In-12 de 68 pages et 170 numéros.

31. — Même titre. — 1836. — In-12 de 70 pages et 173 numéros.

32. — Même titre. — 1836. — In-12 de 72 pages et 175 numéros.

33. — Même titre. — 1839. — In-12 de 75 pages, 175 numéros, et un supplément de 176 à 182.

34. — Même titre. — 1840. — In-8° de 48 pages et 176 numéros. — C'est la première notice où la charte de 1830 disparaît du titre; elle commence la série de celles tirées in-8°, en beaux caractères et sur beau papier. Depuis cette époque il n'y a plus, à proprement parler, de nouvelles éditions, mais des tirages successifs avec des suppléments.

35. — Même titre. — 1840. — In-8° de 48 pages et 176 numéros; plus, un supplément de 6 pages, comprenant les n°s 177 à 195.

36. — Même titre. — 1844. — In-8° de 56 pages, 176 numéros, et un supplément de 177 à 205.

37. — Même titre. — 1845. — In-8° identique au précédent.

38. — Même titre. — 1851. — 64 pages, 207 numéros, avec un supplément comprenant les n°s 193 à 207, et une table alphabétique des artistes dont les ouvrages sont exposés.

39. — Notice des peintures, sculptures, gravures et lithographies de l'École moderne de France, exposées dans les galeries du Musée national du Luxembourg, par Frédéric Villot, conservateur de la peinture. — Prix, 1 fr. — Paris, Vinchon, imprimeur des Musées nationaux, rue J.-J. Rousseau, 8. — avril 1852. — In-12. — Lettre au directeur général, avertissement, introduction, ou Histoire abrégée des différentes expositions qui ont eu lieu au Luxembourg; bibliographie des notices précédentes, comprenant XXIV pages, 68 pages pour la description des objets et la table. — 285 numéros. — Il a été fait plusieurs tirages de cette édition.

40. — Notice des peintures, sculptures, gravures et lithographies de l'École moderne de France, exposées dans les galeries du Musée impérial du Luxembourg, par Frédéric Villot, conservateur de la peinture. — Prix, 1 fr. — Paris, Charles de Mourgues frères, imprimeurs des Musées impériaux, rue J.-J. Rousseau, 8. — 1855. — In-12 de 108 pages.

41. — Notice des peintures, sculptures et dessins de l'École moderne de France, exposés dans les galeries du Musée impérial du Luxembourg, par Frédéric Villot, conservateur des peintures. — 3e édition. — Paris, Charles de Mourgues frères, imprimeurs des Musées impériaux, rue J.-J. Rousseau, 8. — 1863. — In-12. — Lettre au directeur général; bibliographie des notices précédentes; décoration de la galerie et des salles du Musée du Luxembourg, comprenant XVIII pages, et 52 pages; 240 numéros.

DÉCORATION

DE LA GALERIE ET DES SALLES

DU MUSÉE DU LUXEMBOURG.

GRANDE GALERIE.

PLAFOND.

Le tableau qui occupe le centre du plafond de la grande galerie représente le lever de l'Aurore; il a été peint par Antoine-François Callet, né à Paris en 1741, grand prix de Rome en 1764, membre de l'ancienne Académie royale de peinture en 1780, mort à Paris, le 5 octobre 1823.

L'Aurore, dans un char attelé par des chevaux ailés, paraît annoncer le dieu du soleil; les vents légers la suivent en versant la rosée du matin. La Nuit fuit devant le flambeau du Jour en repliant son voile, où se cachent les Songes, ses enfants; un d'entre eux répand ses pavots.

Les autres tableaux, au nombre de douze, qui sont placés dans la partie supérieure de la voûte, avant et après le tableau du milieu, représentent des figures allégoriques, ayant pour attributs les douze signes du Zodiaque. Ces tableaux sont de Jacques Jordaens, peintre flamand, élève de Rubens, né à Anvers en 1593, mort en 1678.

Premier tableau en entrant : *le signe de la Balance* (*Septembre*). — Une femme, couronnée de fruits, tient d'une main une corne d'abondance remplie de raisins et indique le mois des vendanges; de l'autre, elle tient une balance, qui désigne qu'à cette époque l'équinoxe d'automne ramène l'égalité des jours et des nuits.

Deuxième tableau : *le Scorpion* (*Octobre*). — Bacchanale ou fête de Bacchus. Un jeune satyre porte sur ses épaules le vieux Silène pris de vin et tenant une grappe de raisin; ils sont tous deux couronnés de pampres. Une bacchante les suit en jouant du tambour de basque. La bacchanale désigne que dans ce mois les vignerons se réjouissent et se délassent de leurs travaux en goûtant les nouveaux fruits de la vendange. Le scorpion, que l'on voit dans la bordure, fait allusion à la malignité des maladies causées par les vents humides, chargés de vapeurs dangereuses, qui se font sentir alors.

Troisième tableau : *le Sagittaire* (*Novembre*). — Le centaure Nessus enlève Déjanire, femme d'Hercule, et traverse le fleuve Évène. Le centaure, armé de flèches, indique que ce mois, où la terre est couverte de frimas, est favorable à la chasse.

Quatrième tableau : *le Capricorne* (*Décembre*). — La nymphe Adrastéa trait la chèvre Amaltée pour donner du lait à Jupiter enfant. On le voit près d'elle; il tient une coupe. La chèvre semble faire allusion au soleil, qui dans ce mois paraît toujours monter, ainsi que la chèvre sauvage qui se plaît à gravir les rochers escarpés.

Cinquième tableau : *le Verseau* (*Janvier*). — Un jeune homme, du milieu des nuages, verse sur la terre des torrents d'eau; il désigne la saison des pluies.

Sixième tableau : *les Poissons* (*Février*). — Vénus Anadyomène et l'Amour armé de son arc, portés par des dauphins, se promènent sur les eaux que les vents agitent avec violence. Vénus et son fils sont occupés à retenir les légère draperies qui les couvrent. L'agitation de la mer et les poissons indiquent que ce mois est celui des grands vents et de la pêche.

Septième tableau : *le Bélier* (*Mars*) — mois où les arbres et les plantes bourgeonnent. — Mars, armé de pied en cap, tenant d'une main son épée, de l'autre secouant le flambeau de la guerre, descend du haut des rochers; un berger est près de lui qui joue de la cithare; un bélier le suit. Mars indique que ce mois est celui où les armées se mettent en campagne; le berger et le bélier, que le retour du printemps fait sortir les troupeaux des bergeries.

Huitième tableau : *le Taureau* (*Avril*). — Jupiter sous la forme d'un taureau, la tête couronnée de fleurs, enlève la nymphe Europe. Le taureau marque la force que le soleil acquiert dans ce mois, et dont la chaleur fait fleurir les arbres et les plantes; premières espérances que donnent les travaux rustiques, dont le taureau est le symbole.

Neuvième tableau : *les Gémeaux* (*Mai*). — Deux enfants conduisent un char; Vénus y est debout: son voile flotte au gré des zéphirs; l'Amour, tenant une flèche, s'appuie sur sa mere; un des enfants attelés au char répand sur la terre des fleurs, charmes de cette belle saison. L'Amour et Vénus indiquent que dans cette saison toute la nature leur est soumise; les deux enfants représentent Castor et Pollux qui, suivant la fable, furent changés en la constellation dite *les Gémeaux*. Lorsque le soleil entre dans ce signe, la chaleur redouble, les jours augmentent et l'herbe des prairies prend tout son accroissement.

DIXIÈME TABLEAU : *l'Écrevisse* (*Juin*). — Phaéton, à qui le dieu du jour avait confié son char, s'étant trop approché de la terre, la brûlait et y causait de terribles ravages; Jupiter, pour y mettre fin, le foudroya et le précipita dans l'Eridan. On le voit ici au moment de sa chute. Parvenu au plus haut point de sa course, le soleil entre dans le signe de l'Écrevisse, et semble comme elle aller à reculons. Dans ce mois, les moissons mûries commencent à se faire.

ONZIÈME TABLEAU : *le Lion* (*Juillet*). — Hercule, vainqueur du lion de Némée, dont il porte la dépouille, se repose sur sa massue, il tient dans sa main les pommes du jardin des Hespérides, dont il a fait la conquête; près de lui est un jeune homme assis qui tient une gerbe de blé. Le lion et la force sont l'emblème de la chaleur. Chez les anciens, le lion, habitant les climats brûlants, était consacré à Vulcain, dieu du feu. Le jeune homme tenant une gerbe de blé indique que les moissons sont achevées.

DOUZIÈME TABLEAU : *la Vierge* (*Août*). — Cérès, la tête couronnée d'épis, tenant d'une main une faucille et de l'autre une gerbe de blé, est assise sur son char traîné par des serpents; le jeune Triptolème, inventeur de la charrue, est à ses côtés; il tient le flambeau dont Cérès s'éclairait pendant la nuit pour chercher Proserpine, sa fille, que Pluton lui avait enlevée. Cérès, déesse des moissons, bienfaitrice de la terre, après y avoir répandu tous ses dons et avoir ainsi rempli le cercle de l'année, remonte vers l'Olympe.

Les ornements qui décorent le plafond ont été nouvellement exécutés d'après les dessins de M. de Gisors, architecte du Sénat.

SALLES

SITUÉES A L'EXTRÉMITÉ DE LA TERRASSE.

Ces salles furent construites sur une partie de l'emplacement de l'ancienne galerie de Rubens. Elles furent ensuite occupées par la collection des ports de France de Joseph Vernet et de Hue.

PLAFOND.

Ce tableau, peint de 1800 à 1804 par Jean-Simon Berthélemy, né à Laon en 1743, grand prix de Rome en 1767, membre de l'Académie royale de peinture en 1781, et mort à Paris le 1er mars 1811, représente :

Le Génie victorieux de la France, appuyé sur un faisceau, symbole de la force et de l'union, révélant à Clio, muse de l'histoire, la gloire des Français et le retour de l'ordre. Il tient dans une main, qu'il élève, la figure de la Victoire, et de l'autre une branche d'olivier.

A la clarté de son flambeau, la Philosophie, assise sur un nuage, accompagnée de la Justice et de la Félicité publique, pose sur sa tête, d'un air de satisfaction, le cercle de l'immortalité. Tandis que Clio grave sur un bouclier de bronze les hauts faits des Français, qu'Euterpe les chante en s'accompagnant de sa lyre, que Caliope célèbre par ses vers héroïques les vertus et le courage des citoyens qui ont illustré la patrie, la Renommée, planant dans les airs, les publie à l'univers. Auprès de l'Histoire on remarque les bustes de J. Vernet et de J.-J. Rousseau.— Cette peinture est signée : *Berthélemy,* an VIII et an XII.

Dans la voussure de ce plafond, décoré d'après les dessins de Chalgrin, alors architecte du Sénat, sont quatre bas-reliefs dont Berthélemy donna les sujets. Ils ont été peints par Pierre-François Lesueur, né à Paris en 1757.

Le premier représente l'Agriculture :

Cincinnatus est occupé à labourer son champ au moment où le député du Sénat de Rome lui annonce sa nomination au consulat.

Le deuxième, l'Instruction publique :

Socrate, Platon et les autres philosophes d'Athènes expliquent à leurs disciples les éléments des sciences.

Le troisième, le Fruit des victoires :

Marcellus, général des Romains, après s'être rendu maître de Syracuse, fait enlever de cette ville les monuments des sciences et des arts pour les faire servir à l'instruction et à la gloire de sa patrie.

Le quatrième, le Commerce et l'Industrie :

Neptune et Minerve, suivis de l'Abondance, déposent sur un autel l'olivier de la paix, et Mercure encourage et fait fleurir le commerce en fournissant aux citoyens laborieux les matières qu'ils mettent en œuvre sous les yeux de la déesse de l'industrie.

EXPLICATION DES ABRÉVIATIONS

EMPLOYÉES DANS CETTE NOTICE.

H.	— Hauteur.
L.	— Largeur.
Fig.	— Figure.
Gr. nat.	— Grandeur naturelle.
Demi-nat.	— Demi-nature.
Pet. nat.	— Petite nature.
Plus gr. que nat.	— Plus grande que nature.

NOTA. Presque tous les tableaux étant peints sur toile, on n'a désigné la matière que dans le cas où les peintures seraient exécutées sur bois.

MUSÉE DU LUXEMBOURG.

PEINTURE.

ABEL DE PUJOL (ALEXANDRE-DENIS), *né à Valenciennes en* 1785, *élève de David, grand prix de Rome en* 1811, *chevalier de la Légion-d'Honneur en* 1822, *membre de l'Institut en* 1835, *officier de la Légion-d'Honneur en* 1853, *mort en* 1861.

1. Ixion dans le Tartare.

Mercure, par ordre de Jupiter, a attaché Ixion à une roue entourée de serpents.

H. 1,28 — L. 1,68. — Fig. gr. nat.

(Salon de 1824.)

ACHARD (JEAN), *né à Voreppe* (*Isère*).

2. Paysage ; environs de Grenoble.

H. 1, 50. — L. 2, 12.

(Salon de 1845.)

ALIGNY (CLAUDE-FÉLIX-THÉODORE CARUELLE D'), *né à Chaumes* (*Nièvre*), *élève de Regnault et de M. Watelet, chevalier de la Légion-d'Honneur en* 1842, *membre correspondant de l'Institut en* 1861.

3. Prométhée.

Prométhée vient d'être attaché sur le Caucase ; un vautour lui déchire les entrailles : une fille de l'air, retirée sous un laurier, en écarte les branches pour connaître la cause des cris que pousse le Titan, et plus loin des nymphes gémissent sur ses souffances.

H. ,00. — L. 3, 00.

(Salon de 1837.)

ANASTASI (AUGUSTE), *né à Paris, élève de P. Delaroche et de M. Corot.*

Coucher de soleil (Hollande).

H. 0, 62. — L. 0, 92.

(Salon de 1857.)

ANDRÉ (JULES), *né à Paris, élève de M. Watelet, chevalier de la Légion-d'Honneur en* 1853.

5. Paysage représentant les bords de la Bouzanne (Indre).

H. 1, 80. — L. 2, 30.

(Salon de 1850.)

ANTIGNA (JEAN-PIERRE-ALEXANDRE), *né à Orléans (Loiret), élève de P. Delaroche, chevalier de la Légion-d'Honneur en* 1861.

6. Scène d'incendie.

H. 2, 65. — L. 2, 33. — Fig. gr. nat.

(Salon de 1850.)

BARON (HENRI), *né à Besançon (Doubs), élève de M. Gigoux, chevalier de la Légion-d'Honneur en* 1859.

7. Les Vendanges en Romagne.

H. 0,55. — L. 0,65. — Fig. 0,20.

(Salon de 1855.)

BARRIAS (FÉLIX-JOSEPH), *né à Paris, élève de M. L. Cogniet, grand prix de Rome en* 1844 *(Histoire), chevalier de la Légion-d'Honneur en* 1859.

8. Les exilés de Tibère.

Tibère, retiré à Caprée, se livrait à toutes sortes de turpitudes. Il ne se passait pas un seul jour, sans en excepter les jours de fêtes, qui ne fût marqué par des supplices. Il enveloppait dans la même condamnation les femmes et les enfants des accusés. On les transportait dans des îles où le feu et l'eau leur étaient interdits. (SUÉTONE, *Vie des Césars.*)

H. 2, 53. — L. 4, 16. — Fig. gr. nat.

(Salon de 1850.)

BAUDRY (PAUL-JACQUES-AIMÉ), *né à Napoléon-Vendée (Vendée), élève de Sartoris et de Drolling, premier grand prix de Rome (Histoire)* 1850, *chevalier de la Légion-d'Honneur en* 1861.

9. La Fortune et le jeune Enfant.

....
La Fortune passa, l'éveilla doucement,
Lui disant : mon mignon, je vous sauve la vie ;
Soyez une autre fois plus sage, je vous prie.
(LA FONTAINE.)

H. 1, 92. — L. 1, 46. — Fig. gr. nat.

(Salon de 1857.)

BEAUME (JOSEPH), *né à Marseille (Bouches-du-Rhône), élève de Gros, chevalier de la Légion-d'Honneur en* 1836.

10. Bénédiction et pose de la pierre fondamentale du monument de Louis XVI, sur la place de la Concorde.

H. 1,05. — L. 1,48. — Fig. de 0,28.

(Peint en 1827.)

11. La sortie de l'église.

H. 0,92. — L. 0,76. — Fig. de 0. 60.

(Salon de 1846.)

BELLANGÉ (JOSEPH-LOUIS-HIPPOLYTE), *né à Paris, élève de Gros, chevalier de la Légion-d'Honneur en* 1834, *officier en* 1861.

12. Passage du Guadarrama, le 22 décembre 1808.

« L'empereur donna sur-le-champ ordre à l'armée de partir dans le même jour, pour traverser la chaine de montagnes qui sépare la province de Madrid de celle de Ségovie, en se dirigeant par le Guadarrama, c'est-à-dire la route de Madrid au palais et couvent de l'Escurial. L'empereur partit le lendemain matin, veille de Noël. Il faisait beau en partant, et le soleil nous accompagna jusqu'au pied de la montagne. Nous trouvâmes la route remplie d'une profonde colonne d'infanterie qui gravissait lentement cette montagne, assez élevée pour conserver de la neige jusqu'au mois de juin. Il y avait en avant de cette infanterie un convoi d'artillerie qui rétrogradait, parce qu'un ouragan de neige et de verglas, accompagné d'un vent effroyable, rendait le passage dangereux ; il faisait obscur comme à la fin du jour. Les paysans espagnols nous disaient qu'il y avait à craindre d'être enseveli sous la neige, comme cela était arrivé quelquefois. Nous ne nous rappelions pas d'avoir eu aussi froid en Pologne. Cependant l'empereur était pressé de faire passer ce défilé à son armée, qui s'accumulait au pied de la montagne, où il n'y avait aucune provision. Il fit donner l'ordre qu'on le suivît, et qu'il allait lui-même se mettre à la tête de la colonne. Effectivement, il passa avec le régiment des chasseurs de sa garde à travers les rangs de l'infanterie; il fit ensuite former ce régiment en colonne serrée, occupant toute la largeur du chemin; puis, ayant fait mettre pied à terre aux chasseurs, il se plaça lui-même à pied derrière le premier peloton et fit commencer la marche. Les chasseurs marchaient à pied pêle-mêle avec leurs chevaux, dont la masse rendait l'ouragan nul pour ceux qui les suivaient, et en même temps ils foulaient la neige de manière à indiquer une trace bien marquée à l'infanterie.

« Il n'y avait que le peloton de la tête qui souffrait beaucoup. L'empereur était bien fatigué de marcher, mais il n'y avait aucune possibilité de se tenir à cheval. Je marchais à côté de lui ; il prit mon bras pour s'aider, et le garda jusqu'au pied de la montagne de l'autre côté du Guadarrama. Il avait le projet d'aller ce soir jusqu'à Villa-Castin, mais il trouva tout le monde si épuisé et le froid si excessif qu'il arrêta à la maison de poste au pied de la montagne; elle se nomme Espinar. » (*Mémoires du duc de Rovigo.*)

H. 1, 62. — L. 2, 32. — Fig. de 0, 24.

(Salon de 1852.)

13. Un jour de revue sous l'Empire (1810).

L'architecture a été exécutée par M. Dauzats.

H. 1,00. — L. 1,62. — Fig. de 0,25.

(Salon de 1863.)

BELLEL (JEAN-JOSEPH), *né à Paris, élève de M. Justin Ouvrié, chevalier de la Légion-d'Honneur en* 1860.

14. Solitude, paysage composé.

(Salon de 1863.)

BELLY (LÉON-AUGUSTE-ADOLPHE), *né à Saint-Omer (Pas-de-Calais), élève de M. Troyon, chevalier de la Légion-d'Honneur en* 1862.

15. Pèlerins allant à la Mecque.

H. 1,60. — L. 2,40. — Fig. de 0,40.

(Salon de 1861.)

BENOUVILLE (FRANÇOIS-LÉON), *né à Paris, élève de M. Picot, premier grand prix de Rome (Histoire) en* 1845, *chevalier de la Légion-d'Honneur en* 1855, *mort en* 1859.

16. Saint François d'Assise, transporté mourant à Sainte-Marie-des-Anges, bénit la ville d'Assise.

H. 0, 93. — L. 2, 40. — Fig. demi-nat.

(Salon de 1853.)

BIARD (FRANÇOIS), *né à Lyon (Rhône), élève de Révoil, chevalier de la Légion-d'Honneur en* 1838.

17. Du Couëdic recevant les adieux de son équipage.

Dans la journée du 7 octobre 1779, un engagement eut lieu entre la frégate française *la Surveillante* et la frégate anglaise *le Quebec*. Le combat dura quatorze heures, et fut des plus meurtriers. Du Couëdic, déjà blessé deux fois se disposait à l'abordage, quand une troisième blessure le renversa. Quelques moments après *le Quebec* prit feu et sauta, couvrant de ses débris enflammés le pont de *la Surveillante*, et l'on parvint avec peine à sauver quelques Anglais.

Démâtée de ses trois mâts, la frégate française fut remorquée dans la baie de Camaret. La nouvelle de son arrivée étant parvenue à Brest, MM. d'Orvilliers et Duchaffaut se rendirent à bord pour honorer le vaillant officier qui avait si glorieusement défendu son pavillon. Ils firent remorquer à Brest le bâtiment, et donnèrent ordre qu'on transportât Du Couëdic à terre.

Au moment où il parut sur le pont de la frégate qu'il ne devait plus revoir, les officiers et matelots lui exprimèrent leur reconnaissance pour la gloire qu'il leur avait acquise.

Du Couëdic mourut des suites de ses blessures le 7 janvier 1780. (Extrait de la *Biographie des marins célèbres.*)

H. 1, 32. — L. 1, 64. — Fig. 0, 50.

(Salon de 1841.

BODMER (KARL), *né à Zurich (Suisse).*

18. Intérieur de forêt pendant l'hiver.

H. 0, 82. — L. 1, 01.

(Salon de 1850.)

BONHEUR (Mlle ROSA), *née à Bordeaux (Gironde), élève de son père Raymond Bonheur, chevalier de la Légion-d'honneur en 1865* (1).

19. Labourage nivernais; le sombrage.

H. 1, 32. — L. 2, 60. — Fig. de 0, 27.

(Salon de 1849.)

20. La fenaison (Auvergne).

H. 2, 12. — L. 4, 20. — Fig. demi-nat.

(Salon de 1855.)

BOUGUEREAU (ADOLPHE-WILLIAM), *né à La Rochelle (Charente-Inférieure), élève de M. Picot, premier grand prix de Rome (Histoire) 1850, chevalier de la Légion-d'Honneur en 1859.*

21. Triomphe du Martyr.

..... Le corps de sainte Cécile apporté dans les Catacombes.

H. 3, 45. — L. 4, 30. — Fig. gr. nat.

(Salon de 1855.)

22. Philomèle et Procné.

H. 1,60. — L. 1,20. — Ovale, fig. gr. nat.

(Peint en 1861.)

BOULANGER (CLÉMENT), *né à Paris en 1806, mort en 1842 à Magnesie-du-Méandre.*

23. Procession de la Gargouille, à Rouen.

Tous les ans, à la Saint-Romain, le clergé de Rouen usait d'un privilége qui consistait à donner la liberté à un ou plusieurs condamnés à la peine capitale. Le chapitre et toutes les confréries se rendaient n grande pompe à la Tour Saint-Romain. Là, le condammé, après avoir reçu une exhortation, levait la chape de Saint-Romain trois fois sur son épaule, cérémonie qui déterminait sa délivrance. Alors ses fers étaient échangés contre des guirlandes de fleurs; et, conduit par quatre jeunes filles, il était rendu à ses parents.

H. 3,40. — L. 2,29. — Fig. de 0,50.

(Salon de 1837.)

---

(1) Mme Herbelin et Mlle Rosa-Bonheur, ayant obtenu toutes les médailles accordées à titre de récompenses, ont été assimilées en 1853, par une décision spéciale, aux artistes décorés de la Légion-d'Honneur.

BRASCASSAT (JACQUES-RAYMOND), *né à Bordeaux (Gironde), élève de Th. Richard et d'Hersent; chevalier de la Légion-d'Honneur en* 1837, *membre de l'Institut en* 1846.

24. Paysage et animaux.

H. 0, 96. — L. 1, 30.

(Salon de 1845.)

BREST (FABIUS), *né à Marseille (Bouches-du-Rhône), élève de Loubon.*

25. Les bords du Bosphore, à Bebec (Turquie d'Europe).

H. 1,30. — L. 1,96.

(Salon de 1863.)

BRETON (JULES-ADOLPHE), *né à Courrières (Pas-de-Calais), élève de F. Devigne et de Drolling, chevalier de la Légion-d'Honneur en* 1861.

26. La bénédiction des blés (Artois).

H. 1,28. — L. 3,18. — Fig. de 0,46.

(Salon de 1857.)

27. Le rappel des glaneuses (Artois).

H. 0, 90. — L. 1, 76. — Fig. 0, 50.

(Salon de 1859.)

28. Le soir.

H. 0, 83. — L. 1, 06. — Fig. demi nat

(Salon de 1861.)

BRION (GUSTAVE), *né à Rothau (Vosges), élève de M. Gabriel Guérin, chevalier de la Légion-d'Honneur en* 1863.

29. Les pèlerins de Sainte-Odile (Alsace).

H. 1, 30. — L. 2, 00. — Fig. 0,55.

(Salon de 1863.)

CABANEL (ALEXANDRE), *né à Montpellier (Hérault), élève de M. Picot, grand prix de Rome (Histoire) en* 1845, *chevalier de la Légion-d'Honneur en* 1855, *officier en* 1864.

30. Glorification de saint Louis.

Sous la protection de la couronne du Christ, le roi saint Louis accueille les gloires et les misères de son peuple.

Auprès des degrés du trône sont placés les personnages

distingués qui ont contribué à l'accomplissement de l'œuvre du saint roi : le sire de Joinville, Philippe de Beaumanoir, Pierre Fontaine, saint Thomas d'Aquin, Guillaume d'Auvergne, évêque de Paris, Geoffroi de Beaulieu, Robert de Sorbonne, le sire de Nesle, Etienne Boileau, l'auteur du *Livre des Métiers*, et enfin l'un des chevaliers aveugles pour lesquels furent fondés les Quinze-Vingts.

H. 4, 44. — L. 4, 28. — Fig. gr. nat.

(Salon de 1855.)

CABAT (LOUIS), *né à Paris, élève de M. Cam. Flers, chevalier de la Légion-d'Honneur en 1843, officier en 1855.*

31. L'étang de Ville-d'Avray.

H. 0, 73. — L. 1, 13.

(Salon de 1834.)

32. Un soir d'automne.

H. 0, 97. — L. 1, 32.

(Salon de 1852.)

CHAMPMARTIN (CHARLES-ÉMILE), *né à Bourges (Cher), élève de P. Guérin, chevalier de la Légion-d'Honneur.*

33. Romulus et Rémus allaités par la louve.

H. 1, 26. — L. 0, 98. — Fig. gr. nat.

(Salon de 1842.)

CHASSÉRIAU (THÉODORE), *né en 1819 à Samana (Amérique espagnole) de parents français, élève de M. Ingres, chavalier de la Légion-d'Honneur en 1849, mort en 1856.*

34. Tépidarium.

Salle où les femmes de Pompéi venaient se reposer et se sécher en sortant du bain.

H. 1, 70. — L. 2, 50. — Fig. demi-nat.

(Salon de 1853.)

CHAVET (VICTOR), *né à Aix (Bouches-du-Rhône), élève de P. Revoil et de C. Roqueplan, chevalier de la Légion-d'Honneur en 1859.*

35. La dormeuse.

H. 0, 35. — L. 0, 26. — Fig. de 0, 30.

(Salon de 1859.)

COGNIET (LÉON), *né à Paris, élève de P. Guérin, grand prix de Rome en 1817, chevalier de la Légion-d'Honneur en 1828, officier en 1846, membre de l'Institut en 1849.*

36. Marius à Carthage.

L'envoyé du préteur Sextilius ayant signifié à Marius proscrit l'ordre de se retirer de l'Afrique, celui-ci lui répondit : Tu diras à Sextilius que tu as vu Caïus Marius banni de son pays, assis sur les ruines de Carthage.

H. 3, 10. — L. 4, 20. — Fig. gr. nat.

(Salon de 1824.)

COIGNARD (LOUIS), *né à Mayenne (Mayenne), élève de M. Picot.*

37. Le repos du matin près d'une rivière.

H. 0, 90. — L. 1, 52.

(Salon de 1852.)

COMTE (PIERRE-CHARLES), *né à Lyon (Rhône), élève de P. Delaroche et d'Horace Vernet, chevalier de la Légion-d'Honneur en 1857.*

38. Henri III et le duc de Guise.

..... Ils se rencontrent au pied du grand escalier du château de Blois, avant d'aller communier ensemble à l'église Saint-Sauveur, le 22 décembre 1588, veille du jour où le duc de Guise fut assassiné.

H. 1, 24. — L. 1, 94. — Fig. 0, 60.

(Salon de 1855.)

COROT (JEAN-BAPTISTE-CAMILLE), *né à Paris, élève de Bertin, chevalier de la Légion-d'Honneur en 1846.*

39. Paysage. Une matinée.

H. 0, 97. — L. 1, 32.

(Salon de 1851.)

COUBERTIN (CHARLES DE), *né à Paris, élève de M. Picot.*

40. Le Vendredi-Saint à Palerme (Sicile).

Un christ en cire, couché sous une vitrine dont chaque angle montre un petit ange tenant un des instruments de la passion, est porté en procession chaque année le soir du vendredi-saint.

H. 1, 10. — L. 1, 40. — Fig. de 0,35.

(Salon de 1861.)

COUDER (LOUIS-CHARLES-AUGUSTE), *né à Paris, élève de David et de Regnault, chevalier de la Légion-d'Honneur, membre de l'Institut en* 1839, *officier de la Légion-d'Honneur en* 1841.

41. Le lévite d'Ephraïm.

Un lévite de la tribu de Juda s'était uni en secret avec une jeune fille de Bethléem, au mépris de la loi qui le lui défendait. Il avait emmené sa compagne dans les montagnes d'Ephraïm, où il faisait sa résidence; mais celle-ci l'ayant quitté pour retourner dans sa famille, le lévite l'alla chercher et la redemanda à son père, qui lui permit de la reprendre. Après de touchants adieux, les jeunes époux partent ensemble, et s'arrêtent à Gabaa, ville de la tribu de Benjamin, ennemie de la tribu du lévite, parce qu'elle adorait le vrai Dieu. Aucun des habitants ne veut leur donner un asile; cependant un vieillard les reçoit dans sa maison; ils comptaient y passer la nuit, lorsqu'une troupe de forcenés viennent demander à grands cris qu'on leur livre le lévite. Son hôte, pour sauver le ministre du Seigneur, offre de leur amener sa fille. Sa proposition n'est point écoutée; alors le lévite livre à ces brigands sa compagne bien aimée, qui succombe bientôt victime de leur rage et de leur brutalité. Les approches du jour ayant dispersé ces barbares, l'infortunée se traîne jusqu'au logis du vieillard; elle tombe à la porte, la face contre terre et les bras étendus sur le seuil, lorsque le lévite, prêt à sortir, trouve dans cet état une épouse qu'il a pleurée toute la nuit. Les cris qu'il élève jusqu'au ciel annoncent son désespoir. Cependant il engage cette malheureuse à se lever, elle ne répond point; il la regarde, la touche; elle n'était plus. Alors il emporte son corps dans sa maison, le coupe en morceaux, qu'il envoie aux douze tribus. Tout Israël s'assemble, le lévite demande vengeance, et une armée marche contre les Benjaminites, auteurs de ce forfait. Ils sont vaincus; la ville de Gabaa devient la proie des flammes et la tribu de Benjamin périt sous l'épée d'Israël.

Le peintre a choisi le moment où le lévite retrouve son épouse expirante; le jour commence à paraître; on aperçoit, dans le fond du tableau, les coupables Benjaminites qui se retirent.

Ce tableau, exposé au salon de 1817, a partagé le prix avec le saint Etienne de M. Abel de Pujol.

H. 3, 60. — L. 2, 95. — Fig. plus gr. que nat.

COURT (JOSEPH-DÉSIRÉ), *né à Rouen* (*Seine-Inférieure*), *élève de Gros, grand prix de Rome en 1821, chevalier de la Légion-d'Honneur en 1838 ; mort en 1865.*

42. La mort de César.

Marc-Antoine fait apporter sur la tribune aux harangues le corps de César assassiné dans le Sénat, et excite le peuple romain contre les meurtriers en lui montrant la tunique ensanglantée du dictateur. On remarque, sur le devant, Brutus et Cassius.

H. 4, 30. — L. 5, 22. — Fig. plus gr. que nat.

(Salon de 1827.)

COUTURE (THOMAS), *né à Senlis* (*Oise*), *élève de Gros et de P. Delaroche, chevalier de la Légion-d'Honneur en 1848.*

43. Les Romains de la décadence.

« .... Sævior armis,
« Luxuria incubuit, victumque ulciscitur orbem. »

(JUVÉNAL, satire VI.)

« .... Plus cruel que la guerre, le vice s'est abattu sur Rome, et venge l'univers vaincu. »

H. 4, 60. — L. 7, 70. — Fig. gr. nat.

(Salon de 1847.)

CURZON (PAUL-ALFRED DE), *né à Poitiers* (*Vienne*), *élève de Drolling et de M. Cabat.*

44. Dante et Virgile, sur le rivage du Purgatoire, voient venir la barque des âmes que conduit un ange,

(DANTE, *Purgatoire*, c. 11).

H. 1. 50. — L. 2 41. — Fig. de 0, 85.

(Salon de 1857.)

45. Psyché.

Elle revient des enfers rapportant à Vénus la boîte que lui a donnée Proserpine.

H. 1, 60. — L 0, 90.

(Salon de 1859.)

DAUBIGNY (CHARLES-FRANÇOIS), *né à Paris, élève de son père et de P. Delaroche, chevalier de la Légion-d'Honneur en* 1859.

46 Écluse dans la vallée d'Optevoz (Isère.)

H. 0, 90. — L. 1, 60.

(Salon de 1855.)

47. Le Printemps.

H. 0, 95. — L. 1, 93.

(Salon de 1857.)

DAUZATS (ADRIEN), *né à Bordeaux (Gironde), élève de Gué, chevalier de la Légion-d'Honneur en* 1837.

48. Le couvent de Sainte-Catherine au mont Sinaï, fondé en 527 par l'empereur Justinien.

Les catholiques en furent expulsés à la fin du XVIe siècle par les chrétiens grecs. Ce couvent renferme environ soixante moines et trois cents domestiques; il n'y a pas de porte; les moines ont pris cette précaution, quelque inconvénient qu'elle présentât, afin d'être toujours à l'abri d'une surprise. Les voyageurs y sont introduits par une fenêtre abritée par un auvent, au moyen d'une corde qu'on leur envoie avec un bâton au bout, ou une petite caisse.

H. 1, 30. — L. 1, 04.

(Salon de 1845.)

49. Saint-Jean-des-Rois, à Tolède, fondée en 1477, par Ferdinand V et Isabelle-la-Catholique. Vue intérieure.

H. 1, 30. — L. 1, 04.

(Salon de 1855.)

DEBAY (AUGUSTE-HYACINTHE), *né à Nantes (Loire-Inférieure), élève de Gros, grand prix de Rome en* 1823, *chevalier de la Légion-d'Honneur en* 1861; *mort en* 1865.

50. Lucrèce portée sur la place publique de Collatie.

H. 4,22. — L. 5,86. — Fig. plus gr. que nat.

(Salon de 1831.)

DECAMPS (ALEXANDRE-GABRIEL), *né à Paris, en* 1803, *élève d'Abel de Pujol; chevalier de la Légion-d'Honneur en* 1839, *officier en* 1851; *mort en* 1860.

51. Saül, esquisse.

H. 0, 45. — L. 0, 80.

52. La Caravane, esquisse.
H. 0, 60. — L. 1, 00.

DEHODENCQ (ALFRED), *né à Paris, élève de L. Cogniet.*

53. Course de taureaux en Espagne.
H. 1, 50. — L. 2, 08. — Fig. de 0, 45.
(Salon de 1850.)

DELACROIX (FERDINAND-VICTOR-EUGÈNE), *né à Charenton (Seine), en* 1798, *élève de P. Guérin, chevalier de la Légion-d'Honneur en* 1831, *officier en* 1846, *commandeur en* 1855, *membre de l'Institut en* 1857, *mort en* 1863.

54. Dante et Virgile, conduits par Plégias, traversent le lac qui entoure la ville infernale de Dité.

Des coupables s'attachent à la barque et s'efforcent d'y entrer. Dante reconnait parmi eux des Florentins.
H. 1, 80. — L. 2, 40. — Fig. demi-nat.
(Salon de 1822.)

55. Scène des massacres de Scio.

Des familles grecques attendent la mort ou l'esclavage.
H. 4. 22. — L. 3, 52. — Fig. gr. nat.
(Salon de 1824.)

56. Le 28 juillet 1830.

La Liberté guidant le peuple.
H. 2, 60. — L. 3, 25. — Fig. gr. nat.
(Salon de 1831.)

57. Femmes d'Alger dans leur appartement.
H. 1, 77. — L. 2, 27. — Fig. gr. nat.
(Salon de 1834.)

58. Noce juive dans le Maroc.

Les Maures et les Juifs sont confondus. La mariée est enfermée dans les appartements intérieurs, tandis qu'on se réjouit dans le reste de la maison. Des Maures de distinction donnent de l'argent pour des musiciens qui jouent de leurs instruments et chantent sans discontinuer le jour et la nuit; les femmes sont les seules qui prennent part à la danse, ce qu'elles font tour à tour et aux applaudissements de l'assemblée.
H. 1, 04. — L. , 40. — Fig. de 0, 43.
(Salon de 1841.)

DELAROCHE (PAUL), *né à Paris en 1797, élève de Gros ; chevalier de la Légion-d'Honneur en 1828, membre de l'Institut en 1832, officier de la Légion-d'Honneur en 1834 ; mort en 1856.*

59. Edouard V, roi mineur d'Angleterre, et Richard, duc d'York, son frère puîné.

Ces deux princes, enfermés dans la Tour de Londres, furent étouffés par les ordres de Richard III, leur oncle, usurpateur de leurs droits.

H. 1, 80. — L. 2, 12. — Fig. gr. nat.

(Salon de 1831.)

DESGOFFE (BLAISE-ALEXANDRE), *né à Paris, élève de M. Hippolyte Flandrin.*

60. Vase d'améthyste (XVIe siècle).

H. 0, 35. — L. 0, 27.

(Salon de 1859.)

61. Vase de cristal de roche du XVIe siècle ; escarcelle de Henri II ; émaux de Jean Limosin, etc.

Objets tirés des collections du musée du Louvre.

H. 1, 26. — L. 0, 95.

(Salon de 1863.)

DESJOBERT (LOUIS-REMI-EUGÈNE), *né à Châteauroux (Indre), élève de Jolivard et de M. d'Aligny ; chevalier de la Légion-d'Honneur en 1863 ; mort en 1863.*

62. Les Paysagistes.

H. 0, 76. — L. 0, 60.

(Salon de 1861.)

DESNOS (Mme LOUISE), *né à Paris, élève de M. Hersent.*

63. Portrait de Mme Hersent, née Mauduit.

H. 1, 32. — L. 1, 00.

(Salon de 1835.)

Donné en 1862, au musée du Luxembourg, par Mme d'Anisy, nièce de Mme Hersent.

DEVÉRIA (EUGÈNE), *né à Paris, élève de Girodet, chevalier de la Légion-d'Honneur en 1838 ; mort en 1865.*

64. La naissance de Henri IV.

Henri d'Albret, après avoir frotté les lèvres de l'enfant avec de l'ail et lui avoir fait boire du vin de Jurançon, le présenta au peuple, et lui demanda comment il s'appellerait; on répondit d'une voix unanime : HENRI, comme son grand-père.

H. 4, 84. — L. 3, 92. — Fig. plus gr. que nat.

(Salon de 1827.)

DROLLING (MICHEL-MARTIN), *né à Paris en 1786, élève de David; grand prix de Rome (Histoire) en 1810, chevalier de la Légion-d'Honneur en 1825, membre de l'Institut; mort en 1851.*

65. La Force, figure allégorique.

H. 1, 34. — L. 1, 78.

Tableau commandé en 1817, pour dessus de porte d'une salle du Conseil d'Etat, au Louvre.

(Salon de 1819.)

DUVAL LE CAMUS (JULES-ALEXANDRE), *né à Paris, élève de Drolling et de Paul Delaroche; chevalier de la Légion-d'Honneur en 1839.*

66. Jacques Clément.

H. 2, 17. — L. 1, 45. — Fig. gr. nat.

(Salon de 1861.)

FAUVELET (JEAN), *né à Bordeaux (Gironde), élève de Lacour.*

67. Ascanio, ciseleur florentin du XVIe siècle, élève et ami de Benvenuto Cellini.

H. 0, 22. — L. 0, 16. — Fig. de 0, 16. — Peint sur bois.

(Salon de 1850.)

FICHEL (EUGÈNE), *né à Paris, élève de Paul Delaroche.*

68. L'arrivée à l'auberge.

H. 0, 31. — L. 0, 41. — Fig. de 0, 15.

(Salon de 1863.)

FLANDRIN (JEAN-HIPPOLYTE), *né à Lyon (Rhône), élève de M. Ingres; premier grand-prix de Rome (Histoire) 1832, chevalier de la Légion-d'Honneur en 1841, officier en 1853, membre de l'Institut en 1853; mort à Rome en 1864.*

69. Figure d'étude.

H. 0, 98. — L. 1, 4. — Fig. gr. nat.

(Salon de 1855.)

FLANDRIN (JEAN-PAUL), *né à Lyon (Rhône), élève de M. Ingres; chevalier de la Légion-d'Honneur en 1852.*

70. Montagnes de la Sabine (paysage).

H. 2, 00. — L. 1, 52. — Fig. de 0, 22.

(Salon de 1852.)

FLERS (CAMILLE), *né à Paris, élève de M. Pâris, chevalier de la Légion-d'Honneur en 1849.*

71. Paysage (environs de Paris).

H. 1, 2. — L. 1, 46.

(Salon de 1855.)

FORESTIER (HENRI-JOSEPH), *né à Saint-Domingue, premier grand prix de Rome en 1813, chevalier de la Légion-d'Honneur en 1832.*

72. Jésus-Christ guérissant un jeune homme possédé du démon.

H. 3, 17. — L. 2, 14. — Fig. gr. nat.

(Salon de 1827.)

FORTIN (CHARLES), *né à Paris, élève de Roqueplan et de M. Beaume, chevalier de la Légion-d'Honneur en 1861.*

73. Le *Benedicite.*

H. 0, 60. — L. 0, 48.

(Salon de 1855.)

FRANÇAIS (LOUIS-FRANÇOIS), *né à Plombières (Vosges), élève de MM. Gigoux et Corot, chevalier de la Légion-d'Honneur en 1853.*

74. La fin de l'hiver.

H. 1, 00. — L. 0, 92.

(Salon de 1853.)

75. Orphée.

Te, dulcis conjux...
Te, veniente die, te, decedente, canebat.
(Virgile, *Géorgiques*.)

H. 1, 95. — L. 1, 30.

(Salon de 1863.

FROMENTIN (EUGÈNE), *né à La Rochelle (Charente-Inférieure), élève de M. L. Cabat; chevalier de la Légion-d'Honneur en* 1859.

76. Courriers; pays des Ouled-Nayls, au printemps.

H. 1, 15. — L. 1, 47. — Fig. de 0, 30.

(Salon de 1861.)

77. Chasse au faucon en Algérie; la curée.

H. 1,62. — L. 1, 16. — Fig. demi-nat.

(Salon de 1863.)

GALIMARD (AUGUSTE-NICOLAS), *né à Paris, élève de MM. Ingres et Hesse.*

78. L'Ode.

. . . .
L'Ode, avec plus d'éclat et non moins d'énergie,
Elevant jusqu'au ciel son vol ambitieux,
Entretient dans ses vers commerce avec les dieux.
(BOILEAU, *Art poétique*.)

H. 0, 93. — L. 0, 60. — Buste gr. nat.

(Salon de 1846.)

GENDRON (AUGUSTE), *né à Paris, chevalier de la Légion-d'Honneur en* 1855, *élève de P. Delaroche.*

79. Le jour du dimanche; scène florentine au XVe siècle.

H. 1, 60. — L. 2, 50. — Fig. de 0, 62.

(Salon de 1855.)

GIGOUX (JEAN-FRANÇOIS), *né à Besançon (Doubs), chevalier de la Légion-d'Honneur en* 1842.

80. Mort de Cléopâtre.

H. 2, 15. — L. 1, 96. — Fig. gr. nat.

(Salon de 1850.)

GIRAUD (PIERRE-FRANÇOIS-EUGÈNE), *né à Paris, élève d'Hersent et de Richomme; chevalier de la Légion-d'Honneur en 1851.*

81. Danse dans une posada de Grenade.

H. 1, 55. — L. 2, 25. — Fig. demi-nat.

(Salon de 1853.)

GIROUX (ANDRÉ), *né à Paris, grand prix de Rome (paysage), en 1825, chevalier de la Légion-d'Honneur en 1837.*

82. Vue de la plaine de Grésivaudan, près Grenoble, prise des côtes de Sassenage; effet du matin.

H. 1, 02. — L. 1, 47.

(Salon de 1834.)

83. Vue prise dans les Alpes françaises, au lieu dit *le Bout-du-Monde*, dans le ravin d'Alleva.

Des chasseurs embusqués derrière une roche, près le torrent de Bréda, attendent l'arrivée des chamois; dans le fond se développe le glacier du Gleisin.

H. 3, 22. — L. 2, 58.

(Salon de 1837.)

GLEYRE (CHARLES), *né à Chevilly, canton de Vaud (Suisse), élève d'Hersent.*

84. Le soir.

H. 1, 37. — L. 2, 40. — Fig. demi-nat.

(Salon de 1843.)

GROS-CLAUDE (LOUIS), *né à Locle, canton de Neufchâtel, (Suisse), élève de Regnault.*

85. Toast à la vendange de 1834.

— L. 1, 90. — Fig. gr. nat. à mi-corps.

(Salon de 1835.)

GUDIN (THÉODORE), *né à Paris, élève de Girodet, chevalier de la Légion d'Honneur en 1828, officier en 1841, commandeur en 1855.*

86. Coup de vent du 7 janvier 1831 dans la rade d'Alger.

A neuf heures du matin, la frégate *la Sirène*, de 60 canons, était mouillée dans la rade d'Alger, entre les batteries du Môle et le cap Matifoux. Elle se disposait à faire voile pour la France; deux chébecks chargés de troupes, commandés par le lieutenant-colonel Carcenac, étaient remorqués vers la frégate. Tout à coup un vent violent agita la mer, un courant fortement établi entraina à la côte les chaloupes de remorque dont les rameurs faisaient d'inutiles efforts. Cependant la fureur de la mer allait toujours croissant; le commandant de la frégate, M. Charmasson, éprouvant des craintes sérieuses pour les deux chébecks, réussit, non sans peine, à y faire parvenir de fortes amarres, à l'aide desquelles ils se halèrent jusque près de la frégate. La vague se soulevait avec tant de violence que plusieurs embarcations furent brisées en s'approchant de son bord. L'état de la mer devenait à chaque instant plus effrayant; l'espoir d'un prochain naufrage attirait déjà vers le fort Matifoux des hordes de Bédouins ; aucun secours ne pouvait être porté aux deux chébecks ; le canon d'alarme se faisait entendre par intervalles, mais en vain: la mer refoulait vers le port tout ce qui songeait à en sortir. Dans cette conjoncture critique, on ne pouvait songer qu'à préserver l'équipage de *la Sirène* et ses passagers des dangers qui les attendaient sur la côte, et pendant trois jours et deux nuits que dura cette tourmente, le général Clausel avait fait garder toute la côte par de l'infanterie et de la cavalerie pour recueillir les naufragés. De son côté, le commandant Charmasson ne quittait pas sa dunette; continuellement il veillait sur le sort des deux chébecks, et plusieurs fois il réussit à leur faire passer des vivres. Pendant ce temps les chébecks et la frégate couraient les plus grands dangers, ils s'entrechoquaient à chaque instant; *la Sirène* chassait sur ses ancres, rompait ses câbles, brisait sa grande vergue endommagée déjà par une bourrasque éprouvée sous Mahon, perdait son gouvernail, et, sans son câble en chaîne qui tint bon jusqu'au bout, elle eût été infailliblement se perdre à la côte. Le zèle et la constance du commandant de *la Sirène*, le dévouement de tous les officiers et marins sous ses ordres, parvinrent à conjurer ce malheur. Sur la fin du troisième jour la mer se calma, tous les passagers furent reçus à bord, et *la Sirène* mit à la voile pour Toulon, où elle arriva sur la fin de janvier, après une heureuse traversée.

H. 2 58. — L. 4 18 — Fig. de 0, 40.

(Salon de 1835.)

87. Incendie du *Kent*.

Le *Kent*, vaisseau de la Compagnie des Indes, destiné pour le Bengale, ayant à son bord 532 hommes, 43 femmes et nombre d'enfants, prend feu, pendant une tempête, dans la baie de Biscaye.

Les malheureux passagers furent miraculeusement sauvés par le brick anglais *la Cambria*.

Le moment représenté est celui où l'une des embarcations reçoit les femmes et les enfants que l'état de la mer obligeait de descendre du haut de la poupe, par le moyen d'un cordage, auquel on les attachait deux à deux.

H. 2, 64. — L. 4, 20.

(Salon de 1827.)

HÉBERT (ERNEST-ANTOINE-AUGUSTE), *né à Grenoble (Isère), élève de David d'Angers et de P. Delaroche, grand prix de Rome (Histoire), en 1839, chevalier de la Légion-d'Honneur en 1853.*

88. La Mal'aria.

Famille italienne fuyant la contagion (campagne de Rome).

H. 1, 35. — L. 1, 65. — Fig. de 0, 65.

(Salon de 1850.)

89. Le baiser de Judas.

H. 2, 55. — L. 1, 86. — Fig. gr. nat.

(Salon de 1853.)

90. Les Cervarolles (États-Romains).

H. 2, 88. — L. 1, 75.

(Salon de 1859.)

HÉDOUIN (EDMOND), *né à Boulogne-sur-Mer (Pas-de-Calais), élève de M. Célestin Nanteuil.*

91. Glaneuses à Chambaudoin (Loiret).

H. 1, 52. — L. 2, 60. — Fig. de 0, 35.

(Salon de 1857.)

HEILBUTH (FERDINAND), *né à Hambourg (ville hanséatique) ; chevalier de la Légion-d'Honneur en 1861.*

92. Le Mont-de-Piété.

H. 1, 8. — L. 1, 32.

(Salon de 1861.)

HEIM (FRANÇOIS-JOSEPH), *né à Belfort (Haut-Rhin), élève de Vincent ; grand prix de Rome en 1807, chevalier de la Légion-d'Honneur en 1825, membre de l'Institut en 1829, officier en 1855.*

93. Sujet tiré de l'*Histoire des Juifs*, par JOSÈPHE.

Sur la foi des faux prophètes, un nombre considérable d'hommes, de femmes et d'enfants s'étaient réfugiés dans une des cours du temple de Jérusalem, croyant être épargnés ; mais ils furent tous massacrés. Un Juif cherche à défendre sa femme et son enfant renversés par un soldat furieux, et foulés aux pieds de son cheval.

H. 3, 92. — L. 4, 60. — Fig. plus gr. que nat.

(Salon de 1824.)

94. Le roi Charles X distribuant des récompenses aux artistes à la fin de l'exposition de 1824.

Le moment représenté est celui où Cartellier reçoit du roi le cordon de Saint-Michel ; Carle Vernet vient de recevoir le sien.

H. 1, 72. — L. 2, 58. — Fig. de 0, 54.

(Salon de 1827.)

HERSENT (LOUIS), *né à Paris, en 1777, élève de Regnault ; chevalier de la Légion-d'Honneur en 1819, membre de l'Institut en 1822, officier en 1824, mort en 1860.*

95. Les religieux du mont Saint-Gothard donnant des secours à une famille que des brigands ont dépouillée dans la montagne.

H. 1, 34. — L. 1, 38. — Fig. 0, 60.

HERSENT (LOUISE-MARIE-JEANNE MAUDUIT, Mme), *née à Paris en 1784, morte en 1862.*

96. Louis XIV bénissant son arrière petit-fils.

Ce monarque, sachant qu'il n'avait plus que peu de jours à vivre, fait venir son arrière petit-fils qui doit nécessairement lui succéder, et, après lui avoir adressé les plus sages exhortations, lui donne sa bénédiction. Mme de Maintenon soutient l'auguste vieillard, et Mme la duchesse de Ventadour, gouvernante du jeune prince, l'approche de son bisaïeul.

H. 0, 95. — L. 1, 16. — Fig. dem. nat.

(Salon de 1824.)

97. Portrait de Mme de Fumel, supérieure générale des Dames de l'institution du Saint-Enfant-Jésus.

H. 0, 58. — L. 0, 48. — Fig. en buste de gr. nat.

(Exposé au Salon de 1819, et légué aux Musées impériaux par Mme Ve Hersent en 1862).

HESSE (ALEXANDRE-JEAN-BAPTISTE), *né à Paris, élève de Gros; chevalier de la Légion-d'Honneur en* 1842.

98. Triomphe de Pisani.

« En 1379, Vittore Pisani, qui commandait la flotte vénitienne, ayant été défait par les Génois à la bataille de Pola, fut mis en prison par ordre du sénat de Venise : mais bientôt de nouveaux désastres éprouvés par la république, et l'approche des ennemis qui vinrent bloquer la ville, amenèrent une réaction en faveur de l'illustre prisonnier. Oubliant la dernière défaite de Pisani pour ne se rappeler que ses victoires, le peuple court à sa prison, brise ses fers et le porte en triomphe en demandant à marcher sous les ordres de son ancien chef. En entendant crier de tous côtés : *Vive Pisani !* il se retourne vers le peuple et lui dit : *De vrais Vénitiens ne doivent crier que vive saint Marc!* » (MARIN SANUTO, MICHELI et DARU, *Histoire de Venise.*)

H. 1, 70. — L. 2, 52. — Fig. de 0, 52.

(Salon de 1847.)

HESSE (NICOLAS-AUGUSTE), *né à Paris, élève de Gros, grand prix de Rome en* 1818, *chevalier de la Légion-d'Honneur en* 1840.

99. Évanouissement de la Vierge.

La Vierge, à la vue de son Fils qui va disparaître dans le sépulcre, vaincue par la douleur, tombe évanouie dans les bras de Marie-Madeleine et de l'autre Marie.

H. 1, 17. — L. 0, 90. — Fig. demi-nat.

(Salon de 1845.)

HUET (PAUL), *né à Paris, élève de Guérin et de Gros; chevalier de la Légion-d'Honneur en* 1841.

100. Calme du matin; intérieur de forêt

H. 0, 55. — L. 0, 84.

(Salon de 1852.)

101. Inondation à Saint-Cloud.

H. 2, 04. — L. 3, 04.

(Salon de 1855.)

INGRES (JEAN-AUGUSTIN-DOMINIQUE), *né à Montauban (Tarn-et-Garonne), élève de David; grand prix de Rome en* 1801, *chevalier de la Légion-d'Honneur, membre de l'Institut en* 1825, *officier de la Légion d'Honneur en* 1833, *directeur de l'Académie de France à Rome en* 1834, *commandeur de la Légion-d'Honneur en* 1845, *grand-officier en* 1855.

102. Jésus-Christ donne à saint Pierre les clefs du paradis en présence des apôtres, et dit :

« XVIII. Et moi aussi je vous dis que vous êtes Pierre, et que sur cette pierre je bâtirai mon église, et les portes de l'enfer ne prévaudront point contre elle.

« XIX. Et je vous donnerai les clefs du royaume des cieux; et tout ce que vous lierez sur la terre sera aussi lié dans les cieux. »

(*Évangile* selon saint Mathieu, chap. XVII.)

H. 2, 78. — L. 2, 15. — Fig. gr. nat.

(Peint à Rome en 1820.)

103. Roger délivrant Angélique.

Roger, monté sur un hippogriffe, plonge sa lance dans la gueule du monstre qui est sur le point de dévorer Angélique enchaînée à un rocher. (Sujet tiré de l'ARIOSTE.)

H. 1, 43. — L. 1, 90. — Fi . demi-nat.

(Salon de 1819.)

104. Chérubini; portrait historique.

La muse de la musique étend sa main protectrice au-dessus de la tête du compositeur.

H. 1, 05. — L. 0, 94. — Buste gr. nat.

(Peint en 1842.)

105. Homère déifié.

Homère reçoit l'hommage de tous les grands hommes de la Grèce, de Rome et des temps modernes. L'Univers le couronne; Hérodote fait fumer l'encens; l'Iliade et l'Odyssée sont à ses pieds.

H. 3, 86. — L. 5, 15. — Fig. gr. nat.

(Tableau exécuté pour le plafond de la neuvième salle du musée Charles X, au Louvre, inauguré en 1827.)

ISABEY (LOUIS-GABRIEL-EUGÈNE), *né à Paris, élève de son père J.-B. Isabey; chevalier de la Légion-d'Honneur en 1832, officier en 1852.*

106. Embarquement de Ruyter et William de Witt.

H. 2, 20. — L. 3, 30. — Fig. de 0, 18.

(Salon de 1850.)

107. Vue prise sur la côte de Normandie.

H. 1, 23 — L. 1, 70.

(Salon de 1831.)

108. Plage à marée basse.

H. 1, 25. — L. 1, 72.

(Salon de 1833.)

JACQUAND (CLAUDIUS), *né à Lyon (Rhône), élève de l'Ecole de Lyon, chevalier de la Légion-d'Honneur en 1839.*

109. Mort d'Adélaïde de Comminges.

Le comte et Adélaïde de Comminges avaient conçu l'un pour l'autre un ardent amour, mais des haines de famille furent un obstacle à leur union. Une fausse nouvelle de la mort d'Adélaïde détermina le comte de Comminges à se retirer dans un couvent de la Trappe. Trois ans après, le hasard conduisit Adélaïde dans cette retraite : au moment de la prière, elle reconnut la voix de son amant et prit la résolution de finir ses jours auprès de lui. Les austérités du cloître abrégèrent insensiblement ses jours, et ce ne fut qu'au moment de sa mort que son amant la reconnut.

H. 0, 90. — L. 1, 12. — Fig. de 0, 53.

(Salon de 1831.)

110. L'amende honorable dans un couvent des frères chevaliers, ermites de Saint-Maurice.

H. 1, 80. — L. 2, 30. — Fig. demi-nat.

(Salon de 1853.)

111. Dernière entrevue de Charles Ier avec ses enfants.

C'étaient la princesse Élisabeth, le duc de Glocester et le duc d'York... Prenant sur ses genoux le petit duc de Glocester : « Mon enfant, lui dit-il gravement, ils vont couper la tête à ton père !... »

H. 2 15. — L. 1, 55. — Fig. gr. nat.

(Salon de 1855.)

JACQUE (CHARLES-ÉMILE), *né à Paris.*

112. Troupeau de moutons dans un paysage.

H. 1, 6. — L. 2, 82.

(Salon de 1861.)

JALABERT (CHARLES-FRANÇOIS), *né à Nîmes (Gard), élève de P. Delaroche, chevalier de la Légion-d'Honneur en* 1855.

113. Virgile, Horace et Varius chez Mécène.

Virgile lit ses *Géorgiques.*

H. 2, 30. — L. 2, 88. — Fig. gr. nat.

(Salon de 1847.)

114. N. S. Jésus-Christ au Jardin des Oliviers.

H. 3, 45. — L. 2, 76. — Fig. gr. nat.

(Salon de 1855.)

JEANRON (PHILIPPE-AUGUSTE), *né à Boulogne-sur-Mer (Pas-de-Calais), chevalier de la Légion-d'Honneur en* 1855.

115. Les bergers; vue du port abandonné d'Ambleteuse, près Boulogne.

H. 1, 60. — L. 2, 17. — Fig. de 0, 21.

(Salon de 1850.)

JOYANT (JULES), *né à Paris, élève de Lethière; chevalier de la Légion-d'Honneur en* 1852, *mort à Paris en* 1854.

116. Vue de l'Église Santa-Maria della Salute, à Venise.

H. 1, 10. — L. 1, 68.

(Salon de 1835.)

KNAUS (LOUIS), *né à Wiesbaden (duché de Nassau), élève de l'académie de Dusseldorf; chevalier de la Légion-d'Honneur en* 1859.

117. La promenade.

H. 0. 97 — L. 0, 75.

(Salon de 1855.)

LA BOUËRE (TANCRÈDE DE), *né à Angers (Maine-et-Loire), chevalier de la Légion-d'Honneur en* 1823.

118. Vue du palais de Karnak, à Thèbes.

H. 1, 00. — L. 1, 97.

(Salon de 1841.)

LAEMLEIN (ALEXANDRE), *né à Hokenfeld (Bavière), élève de M. Picot.*

119. La Charité.

H. 2, 25. — L. 1, 40. — Fig. gr. nat.

(Salon de 1846.)

LAMBINET (EMILE), *né à Versailles (Seine-et-Oise), élève de Drolling et d'Horace Vernet.*

120. Paysage.

H. 0, 94. — L. 1, 50.

(Salon de 1855.)

LANDELLE (CHARLES), *né à Laval (Mayenne), élève de P. Delaroche, chevalier de la Légion-d'Honneur en* 1855.

121. Le pressentiment de la Vierge.

H. 1, 43. — L. 1, 18. — Fig. gr. nat.

(Salon de 1859.)

LANOUE (FÉLIX-HIPPOLYTE), *né à Versailles (Seine-et-Oise), élève de V. Bertin et d'Horace Vernet; premier grand prix de Rome (Paysage) en* 1841.

122. Vue de la forêt de pins du Gombo, cascines de Pise.

H. 0,8 — L. 1, 42.

(Salon de 1861.)

LAPITO (LOUIS-AUGUSTE), *né à Saint-Maur, près Paris, élève de MM. Heim et Watelet, chevalier de la Légion-d'Honneur en* 1836.

123. Vue prise dans la forêt de Fontainebleau, lieu dit les *Quatre-Fils-Aymon.*

H. 1, 07. — L. 1, 62.

(Salon de 1846.)

LARIVIÈRE (CHARLES-PHILIPPE), *né à Paris, élève de Girodet et de Gros, grand prix de Rome en 1824, chevalier de la Légion-d'Honneur en 1836.*

124. Peste à Rome, sous le pape Nicolas V.

H. 4, 60. — L. 3. 75. — Fig. plus gr. que nat.

(Salon de 1831.)

LAUGÉE (DÉSIRÉ-FRANÇOIS), *né à Maromme (Seine-Inférieure), élève de M. Picot.*

125. Eustache Le Sueur chez les chartreux.

H. 1, 74. — L. 2, 40. — Fig. 0, 78.

(Salon de 1855.)

126. La Récolte des œillettes (Picardie).

H. 1, 32. — L. 2, 15. — Fig. 0, 60.

(Salon de 1861.

LAZERGES (JEAN-RAYMOND-HIPPOLYTE), *né à Narbonne (Aude), élève de Bouchot.*

127. Descente de croix.

H. 1,38. — L. 0, 98. — Fig. 0, 68

(Salon de 1855.)

LECOINTE (CHARLES-JOSEPH), *né à Paris, élève de MM. Picot et d'Aligny; premier grand prix de Rome (Paysage) en 1849.*

128. Le Figuier maudit ; paysage.

(*Évang.* selon S. MATHIEU.)

H. 2, 10. — L. 1, 64.

(Salon de 1855.)

LEHMANN (CHARLES-ERNEST-RODOLPHE-HENRI), *né à Kiel (Holstein), élève de son père et de M. Ingres, chevalier de la Légion-d'Honneur en 1846, officier en 1853.*

129. Désolation des Océanides au pied du roc où Prométhée est enchaîné.

(ESCHYLE, *Prométhée enchaîné.*)

H. 2. 55. — L. 1. 97. — Fig. demi-nat.

(Salon de 1850.)

LELEUX (ADOLPHE), *né à Paris; chevalier de la Légion-d'Honneur en* 1855.

130. Une Noce en Bretagne.

H. 1, 35. — L. 2, 04. — Fig. 0, 40.

(Salon de 1863.)

LELEX (ARMAND), *né à Paris, élève de M. Ingres; che-chevalier de la Légion-d'Honneur en* 1860.

131. Intérieur de la pharmacie du couvent des Capucins, à Rome.

H. 0, 33. — L. 0, 46.— Fig. 0, 20.

(Salon de 1863.)

LELOIR (JEAN-BAPTISTE-AUGUSTE), *né à Paris, élève de M. Picot.*

132. Homère.

Et si, dans le chemin, rapsode ingénieux,
Tu veux nous accorder tes chants dignes des cieux,
Nous dirons qu'Apollon, pour charmer les oreilles,
T'a lui-même dicté de si douces merveilles...

Il poursuit, et déjà les antiques ombrages
Mollement en cadence inclinent leurs feuillages;
Et pâtres oubliant leur troupeau délaissé
Et voyageurs quittant leur chemin commencé,
Couraient; il les entend, près de son jeune guide,
L'un sur l'autre pressés tendre une oreille avide.

(André CHÉNIER.)

H. 1, 44. — L. 1, 96. — Fig. de 0, 74.

(Salon de 1841.)

LENEPVEU (JULES-EUGÈNE), *né à Angers (Maine-et-Loire), élève de M. Picot, premier grand-prix de Rome (Histoire) en* 1847, *chevalier de la Légion-d'Honneur, en* 1862.

133. Les martyrs aux catacombes.

H. 1, 70. L. 3, 36. — Fig. 0, 90.

(Salon de 1855.)

MARCHAL (CHARLES-FRANÇOIS), *né à Paris, élève de Drolling et de M. Fr. Dubois.*

134. Le Choral de Luther (Alsace).

H. 1, 10. — L. 1, 72. — Fig. 0, 60.

(Salon de 1863.)

MATOUT (LOUIS), *né à Charleville (Ardennes), chevalier de la Légion-d'Honneur en* 1857.

135. Femme de Boghari tuée par une lionne.

H. 1, 45. — L. 1, 70. — Fig. gr. nat.

(Salon de 1855.)

MERCEY (FRÉDÉRIC BOURGEOIS DE), *né à Paris en* 1804, *élève de Bertin, chevalier de la Légion-d'Honneur en* 1843, *officier en* 1855, *mort en* 1860.

136. Lisière de forêt.

H. 0, 61. — L. 0, 95.

(Salon de 1839.)

MERLE (HUGUES), *né à Saint-Marcellin (Isère), élève de M. L. Cogniet.*

137 Une mendiante.

H. 1, 12. — L. 0, 80. — Fig. en buste de gr. nat.

(Salon de 1861.)

MONGINOT (CHARLES), *né à Brienne (Aube), élève de M. T. Couture.*

138. Nature morte.

H. 2, 00. — L. 2, 60.

(Salon de 1853.)

MONTESSUY (FRANÇOIS), *né à Lyon (Rhône), élève d'Hersent et de M. Ingres.*

139. La Madone des grâces à la Cervara (États-Romains).

H. 0, 50. L. 0, 61. — Fig. de 0, 28.

(Salon de 1853.)

MONVOISIN (RAYMOND-AUGUSTE), *né à Bordeaux (Gironde), élève de P. Guérin.*

140. L'escarpolette.

H. 1, 26. — L. 1, 02. — Fig. demi-nat.

(Salon de 1840.)

MORAIN (PIERRE), *né à Morannes (Maine-et-Loire).*

141. Le chemin de la gloire.

L'Étude personnifiée par un jeune artiste se disposant au travail.

H. 0, 82. — L. 0, 64. — Fig. gr. nat.

(Salon de 1855.)

MULLER (CHARLES-LOUIS), *né à Paris, élève de Gros, chevalier de la Légion-d'Honneur en 1849, officier en 1859, membre de l'Institut en 1864.*

142. Appel des dernières victimes de la terreur.

On remarque M.-C. Lepelletier, ex-princesse de Chimay; G. Montalembert, ex-marquis, capitaine au ci-devant régiment du roi; C.-F. Rougeot de Montcrif, garde-du-corps; P. Durand Puy de Vériune, ex-maître des comptes; M. Barkos, femme de Puy de Vériune; P.-F. Stainville, femme de Grimaldi Monaco, ex-princesse; J.-L.-M. Aucanne, ex-maître des comptes, ex-capitaine de cavalerie; André Chénier, homme de lettres; J.-A. Roucher, homme de lettres; Mme A. Leroy, actrice de la Comédie-Française; A.-M.-F. Piercourt, veuve de Narbonne Pelet, ex-comtesse; C.-J.-F. Manneville de Colbert de Maulvriers, ex-marquise; J.-F. Antié, dit Léonard, coiffeur de la reine; T. Meynier, ex-prêtre de l'Hôtel-Dieu de Paris: F.-A. Seguin, chimiste; F. Trenck, ex-baron; A. Leguay, capitaine au 23e régiment de chasseurs à cheval; C.-F.-J. Saint-Simon, ex-évêque d'Agde; Mme Sabine Viriville, femme de l'ex-comte de Périgord; F.-R.-R. Bessejouls de Roquelaure, ex-marquis. (Voir au *Moniteur* du 7 au 9 thermidor.)

H. 4, 37. — L. 8, 20. — Fig. gr. nat.

(Salon de 1850.)

NAIGEON (ELZIDOR), *né à Paris, élève de Gros; chevalier de la Légion-d'Honneur en 1843, conservateur honoraire du Musée impérial du Luxembourg.*

143. Les Vendanges à Amalfi (royaume de Naples).

H. 1, 49. — L. 2, 00. — Fig. demi-nat.

(Salon de 1857.)

NAZON (FRANÇOIS-HENRI), *né à Réalmont (Tarn), élève de M. Gleyre.*

144. Bords de l'Aveyron, soir d'automne.

H. 0, 88. — L. 1, 42.

(Salon de 1863.)

ODIER (ÉDOUARD-ALEXANDRE), *né à Rambourg, élève de M. Ingres, chevalier de la Légion-d'Honneur en* 1846.

145. Épisode de Moscou.

Un dragon de la garde impériale, épuisé par ses blessures, s'achemine péniblement, s'appuyant sur son cheval.

H. 2, 58. — L. 1, 96. — Fig. gr. nat.

(Salon de 1833.)

OUVRIÉ (PIERRE-JUSTIN), *né à Paris, élève d'Abel de Pujol, de M. le baron Taylor et de M. Châtillon; chevalier de la Légion-d'Honneur en* 1854.

146. Le Monument de Walter-Scott, Calton-Hill et la Canongate, à Edimbourg.

H. 0, 88. — L. 1, 38.

(Salon de 1863.)

PENGUILLY L'HARIDON (OCTAVE), *né à Paris, élève de Charlet; chevalier de la Légion-d'Honneur en* 1851; *officier en* 1862.

147. Halte de cavaliers flamands par une matinée d'hiver.

H. 0, 47. — L. 0, 56. — Fig. de 0, 11.

(Salon de 1850.)

PHILIPPOTEAUX (HENRI-EMMANUEL-FÉLIX), *né à Paris, élève de M. L. Cogniet, chevalier de la Légion-d'Honneur en* 1846.

148. Louis XV visitant le champ de bataille de Fontenoy (mai 1745).

H. 1, 95. — L. 3, 10. — Fig. demi-nat.

(Salon de 1840.)

PLACE (HENRI), *né à Paris, chevalier de la Légion-d'Honneur en* 1854.

149. Marine, falaise de Douvres.

(Donné par l'auteur.)

H. 0, 72. — L. 1, 12

(Salon de 1849.)

ROBERT-FLEURY (JOSEPH-NICOLAS), *né à Paris, chevalier de la Légion-d'Honneur en* 1836, *officier en* 1849, *membre de l'Institut en* 1850.

150. Scène de la Saint-Barthélemy.

Brion, gouverneur du prince de Conti, est massacré dans les bras de son élève.

H. 1, 62. — L. 1, 30. — Fig. demi-nat.

(Salon de 1833.)

151. Colloque de Poissy en 1561.

Cette conférence, dont le but était d'apaiser les différends entre les protestants et les catholiques, eut lieu en présence de Catherine de Médicis et du jeune roi Charles IX. Théodore de Bèze porta la parole pour les protestants.

H. 0, 92. — L. 1, 30. — Fig. de 0, 48.

(Salon de 1840.)

152. Jane Shore.

Condamnée comme sorcière et adultère, elle est poursuivie dans les rues de Londres et insultée par la populace.

H. 2, 03. — L. 1, 50. — Fig. gr. nat.

(Salon de 1850.)

153. Pillage d'une maison dans le Judecca de Venise, au moyen âge.

..... Sous le moindre prétexte, on courait au quartier des Juifs, on entrait dans leurs maisons, on pillait leurs richesses, et leurs débiteurs reprenaient les titres de leurs dettes.

H. 2, 44. — L. 2, 40. — Fig de 0, 85.

(Salon de 1855.)

ROEHN (ALPHONSE-JEAN), *né à Paris, élève de Gros et de Regnault*; *mort en* 1864.

154. Le braconnier.

H. 0, 51. — L. 0, 62. — Fig. de 0, 22.

(Salon de 1850.)

ROQUEPLAN (CAMILLE), *né à Mallemort* (*Bouches-du-Rhône*), *élève de Gros et d'Abel de Pujol, chevalier de la Légion-d'Honneur en* 1832, *officier en* 1852, *mort en* 1855.

155. Marine; vue prise sur les côtes de Normandie.

H. 1, 04. — L. 1, 58.

(Salon de 1831.)

156. Une Fille d'Eve.

H. 1, 47. — L. 0,84. — Fig. dem. nat

(Salon de 1855.)

ROUSSEAU (PHILIPPE), *né à Paris, élève de Gros et de Bertin, chevalier de la Légion-d'Honneur en* 1852.

157. Un importun.

Un chien griffon interrompt le repas d'une chatte et de ses petits.

H. 1, 00. — L. 1, 32.

(Salon de 1850.)

158. Cigognes faisant la sieste au bord d'un bassin.

H. 2, 24. — L. 1, 42.

(Salon de 1855.)

159. Chevreau broutant des fleurs.

H. 2, 24. — L. 1, 42.

(Salon de 1855.)

ROUSSEAU (THÉODORE), *né à Paris, chevalier de la Légion-d'Honneur en* 1852.

160. Sortie de forêt à Fontainebleau (coucher de soleil).

H. 1, 42. — L. 1, 96.

(Salon de 1855.)

161. Lisière d'une forêt (esquisse).

H. 0, 29. — L. 0, 59.

SAINT-ÈVRE (GILLOT), *né à Boult-sur-Suippe (Marne), élève de P. Guérin, chevalier de la Légion-d'Honneur en* 1833.

162. Jeanne d'Arc.

Admise en présence de Charles VII au milieu d'une cour nombreuse, elle répond aux prélats qui l'interrogent en annonçant sa mission et les visions qui la lui ont révélée.

H. 1, 37 — L. 1, 67. — Fig. de 0, 48.

(Salon de 1833.)

SAINT-JEAN (SIMON), *né à Lyon (Rhône), en* 1808, *élève de P. Révoil et de François Lepage, chevalier de la Légion-d'Honneur en* 1843, *mort en* 1860.

163. Notre-Dame-des-Roses; tableau de fleurs.

H. 1. 22. — L. 0. 87.

(Peint en 1850.)

164. Les fleurs dans les ruines.

H. 1,58. — L. 1, 17.

(Salon de 1855.)

165. La récolte.

H. 1,78. — L. 1,17.

(Salon de 1855.)

SCHEFFER aîné (ARY), *né à Dordrecht (Hollande), en 1795, élève de P. Guérin, chevalier de la Légion-d'Honneur en 1828, officier en 1835, mort en 1858.*

166 La Mort de Géricault.

Derrière le lit, le colonel Bro, debout; en avant, M. de Dreux d'Orcy, tous deux amis de Géricault.

H. 0, 37. — L. 0,45. — Fig. de 0,35.

(Peint en 1824.)

167. Les femmes souliotes.

Voyant leurs maris défaits par les troupes d'Ali, pacha de Janina, elles prennent la résolution de se précipiter du haut des rochers.

H. 2, 48. — L. 3, 54. — Fig. gr. nat.

(Salon de 1827.)

168. Eberhard, comte de Wirtemberg, dit *le Larmoyeur.*

« Et tandis-que nous, dans notre camp, célébrons notre victoire, que fait notre vieux comte? Seul, dans sa tente, devant le corps mort de son fils, il pleure.» (Ballade de SCHILLER.)

H. 1, 51. — L. 1, 62. — Fig. gr. nat. à mi-corps.

(Salon de 1834.)

SCHEFFER (HENRI), *né à La Haye (Hollande), en 1799, élève de P. Guérin; chevalier de la Légion-d'Honneur en 1837, mort en 1862.*

169. Charlotte Corday.

Elle est arrêtée et protégée par des membres de section au moment où elle vient d'assassiner Marat.

H. 1, 28. — L. 1, 62. — Fig. demi-nat.

(Salon de 1831.)

SCHNETZ (JEAN-VICTOR), *né à Versailles (Seine-et-Oise), élève de David, Regnault, Gros et Gérard; chevalier de la Légion-d'Honneur en 1825, membre de l'Institut en 1837, directeur de l'Académie de France à Rome en 1840 et 1853, officier de la Légion-d'Honneur en 1843.*

170. Une scène d'inondation.

Une famille de contadini (paysans des environs de Rome), surprise par un prompt débordement du Tibre, se sauve au travers des eaux. La jeune femme, chargée de ses deux enfants, incertaine dans sa marche, est guidée par son mari, qui emporte sa vieille mère malade.

H. 2, 92. — L. 2, 44. — Fig. gr. nat.

(Salon de 1831.)

171. Vœu à la Madone.

H. 2, 84. — L. 4, 90. — Fig. gr. nat.

(Salon de 1831.)

SCHUTZENBERGER (LOUIS-FRÉDÉRIC), *né à Strasbourg (Bas-Rhin), élève de M. Gleyre.*

172. Terpsychore.

H. 1, 14. — L. 2, 00. — Fig. de 0,60

(Salon de 1861.)

SEBRON (HIPPOLYTE), *né à Caudebec (Seine-Inférieure), élève de Daguerre.*

173. Vue d'une partie de l'intérieur de la grande mosquée de Cordoue (Espagne).

H. 1, 30. — L. 0, 97.

(Salon de 1857.)

SIGNOL (ÉMILE), *né à Paris, élève de Gros, grand prix de Rome (Histoire) en 1830; chevalier de la Légion-d'Honneur en 1841, membre de l'Institut en 1860.*

174. La femme adultère.

Jésus répond aux Scribes et aux Pharisiens : « Que celui d'entre vous qui est sans péché lui jette la première pierre.» (*Evangile* selon saint Jean, chap. VII.)

H. 1, 37. — L. 1, 11. — Fig. demi-nat.

(Salon de 1840.)

STEUBEN (CHARLES), *né à Manheim en* 1791, *élève du baron Gérard; chevalier de la Légion-d'Honneur en* 1828, *mort en* 1856.

175. La Force, figure allégorique.

Commandé en 1825, pour dessus de porte d'une salle du Conseil d'Etat, au Louvre.

H. 1, 40. — L. 1, 74.

TANNEUR (PHILIPPE), *né à Marseille (Bouches-du-Rhône), chevalier de la Légion-d'Honneur en* 1834.

176. Marine; clair de lune; intérieur d'une rade.

H. 1, 48. — L. 1, 80.

(Salon de 1834.)

TASSAERT (NICOLAS-FRANÇOIS-OCTAVE), *né à Paris, élève de Lethiere.*

177. Une famille malheureuse.

La neige couvrait les toits; un vent glacial fouettait la vitre de cette étroite et froide demeure; une vieille femme réchauffait à un brasier ses mains pâles et tremblantes. La jeune fille lui dit: « O ma mère, vous n'avez pas toujours été dans ce dénûment!.....» Et la vieille dame regardait l'image de la Vierge, et la jeune fille sanglotait. A quelque temps de là on vit deux femmes, lumineuses comme des âmes, qui s'élançaient vers le ciel.

H. 1, 15. — L. 0, 80. — Fig. demi-nat.

(Salon de 1850.)

TISSOT (JAMES), *né à Nantes, élève de MM. H. Flandrin et Lamothe.*

178. Rencontre de Faust et de Marguerite.

Faust: Ma belle demoiselle, oserai-je vous offrir mon bras et ma conduite?

Gœthe, *Faust.*

H. 0, 78. — L. 1, 17. — Fig. de 0,60.

(Salon de 1861.)

TROYON (CONSTANT), *né à Sèvres, chevalier de la Légion-d'Honneur en* 1849; *mort en* 1865.

179. Les bœufs allant au labour; effet du matin.

H. 2,62. — L. 3, 90. — Fig. demi-nat.

(Salon de 1855.)

VERNET (ÉMILE-JEAN-HORACE), *né à Paris, en 1789, élève de Vincent, chevalier de la Légion-d'Honneur en 1814, officier en 1825, membre de l'Institut en 1826, directeur de l'Académie de France à Rome en 1828, commandeur de la Légion-d'Honneur en 1842, grand officier en 1862, mort en 1863.*

180. La barrière de Clichy, ou défense de Paris en 1814.

Le maréchal Moncey donne au chef de bataillon Odiot l'ordre d'empêcher les Russes de s'emparer de la butte Montmartre.

Parmi les acteurs de cette scène on remarque le maréchal Moncey; M. Odiot, colonel; M. de Marguery-Dupaty, l'homme de lettres; Charlet, et Horace Vernet, l'auteur du tableau.

Donné à la Chambre des pairs par M Odiot père, ancien orfèvre, colonel de la légion.

H. 0, 97. — L. 1, 30. — Fig. de 0, 38.

(Peint en 1820.)

181. Judith et Holopherne.

H. 2, 98. — L. 1, 93. — Fig. gr. nat.

(Salon de 1831.)

182. Raphaël au Vatican.

Michel-Ange rencontrant Raphaël dans le Vatican avec ses élèves, lui dit : « Vous marchez entouré d'une suite nombreuse ainsi qu'un général. » — « Et vous, répondit Raphaël au peintre du Jugement dernier, vous allez seul comme le bourreau. » (*Vie de Raphaël*, par M. QUATREMÈRE DE QUINCY.)

H. 3, 92 — L. 3, 00. — Fig. gr. nat.

(Salon de 1833.)

VINCHON (JEAN-BAPTISTE-AUGUSTE), *né à Paris en 1787, élève de Serangeli; premier grand prix de Rome (Histoire) en 1814, chevalier de la Légion-d'Honneur en 1828, mort en 1855.*

183. Épisode de l'Histoire de Venise.

Une jeune fille patricienne, dont le fiancé est soupçonné d'avoir pris part à un complot contre le Doge de Venise, est enlevée la veille de ses noces, et traînée dans les cachots du tribunal des Dix.

Après avoir été dépouillée de ses vêtements et couverte de

la robe de la torture, elle vient de subir une première épreuve, et est menacée de celle du feu si elle persiste encore à ne faire aucune révélation.

(*Histoire de Venise.*)

H. 2, 45. — L. 2, 98.

(Salon de 1847.)

WATELET (LOUIS-ÉTIENNE), *né à Paris, chevalier de la Légion-d'Honneur en* 1825.

184. Paysage d'après des études faites en Savoie.

H. 1, 44. — L. 1, 94.

(Salon de 1833.)

ZIEGLER (CLAUDE-JULES), *né à Langres (Haute-Marne), en* 1804; *chevalier de la Légion-d'Honneur en* 1838, *mort en* 1856.

185. Le jeune Giotto dans l'atelier de Cimabuë.

Cimabuë, peintre florentin, rençontra dans une de ses promenades le jeune Giotto s'amusant à dessiner une chèvre du troupeau qu'il gardait, et l'engagea à venir à Florence étudier la peinture. Giotto arriva un jour dans l'atelier de Cimabuë, et à la vue de ses admirables ouvrages il lui vint, pour la première fois, une idée sérieuse de la peinture. Giotto fut depuis un des peintres les plus célèbres de l'Italie.

H. 2, 05. — L. 1, 30. — Fig. gr. nat.

(Salon de 1833.)

186. Vision de saint Luc.

H. 2, 95. — L. 2, 10. — Fig. gr. nat.

(Salon de 1839.)

ZIEM (FÉLIX), *né à Beaune (Côte-d'Or), chevalier de la Légion-d'Honneur en* 1857.

187. Vue de Venise.

H. 1, 78. — L. 2, 60.

(Salon de 1852).

ZO (ACHILLE), *né à Bayonne (Basses-Pyrénées), élève de M. T. Couture.*

188. L'Aveugle de la porte Doce Cantos, à Tolède.

H. 1, 12. — L. 0, 80. — Fig. de 0,40.

(Salon de 1863.)

CARTONS, DESSINS, MINIATURES ET PASTELS.

ALIGNY (**TH. D'**). (Voir page 1).

189. Vue de Genazzano (États-Romains).

Dessin à la plume exécuté en 1835.

190. Rochers et Châtaigniers ; étude.

Dessin à la plume, exécuté à Royat (Auvergne), en 1838.

BELLEL. (Voir page 4).

191. Vallée de Saint-Amé (Vosges).

Dessin au fusain.

BENOUVILLE. (Voir page 5.)

192. Martyrs conduits au supplice.

Dessin à l'aquarelle.

(Salon de 1852.)

BIDA (**ALEXANDRE**), *né à Toulouse (Haute-Garonne), élève d'Eugène Delacroix, chevalier de la Légion-d'Honneur en* 1855.

193. Réfectoire de moines grecs.

Dessin au crayon noir.

(Salon de 1857.)

194. L'Appel du soir, en Crimée.

Dessin au crayon noir.

(Salon de 1857.)

195. Le Champ de Booz, a Bethléem.

Dessin au crayon noir.

(Salon de 1861.)

COUDER. (Voir page 10.)

196. Notre-Dame-des-Sept-Douleurs.

Dessin aux crayons noir et blanc sur papier gris, pour l'exécution des peintures qui décorent la chapelle du Saint-Sépulcre dans l'église Saint-Germain-l'Auxerrois.

197. Le Christ et la Madeleine chez Simon le Pharisien.

Dessin au crayon noir et au pastel qui a servi à l'exécution du tableau de l'église Notre-Dame-de-Lorette.

DAVID (MAXIME), *né à Châlons-sur-Marne (Marne), élève de Mme de Mirbel, chevalier de la Légion-d'Honneur en* 1851.

198. Trois portraits d'Abd-el-Kader, représenté sous des aspects différents (miniatures).

(Salon de 1853.)

HEIM. (Voir la page 21.)

199. Portraits, au crayon noir rehaussé de blanc, de divers membres de l'Institut de France.

Académie française :

Andrieux, Arnaud, le baron de Barante, le vicomte de Bonald, Campenon, le comte Daru, Droz, Frayssinous, évêque d'Hermopolis, Michaud, Parceval-Grandmaison, le marquis de Pastoret, Villemain.

Académie des inscriptions et belles-lettres :

Le comte Alex. de Laborde, Raoul-Rochette, baron Sylvestre de Sacy, Quatremère de Quincy.

Académie des sciences :

Baron Cuvier, Darcet, Geoffroy-Saint-Hilaire, de Mirbel, Serres.

Académie des beaux-arts :

Auber, Berton, Bidault (1), Blondel, Boïeldieu, le baron Bosio, Catel, le comte de Chabrol-Volvic, Cartellier, Chérubini, David d'Angers, le baron Desnoyers (1), Drolling, Dupaty, Fontaine, le comte de Forbin, Galle (1), Garnier, Gatteaux, baron Gérard, baron Gros, Guérin, Hersent, Ingres, Labarre, Lebas, le baron Lemot, Lesueur, Lethiers, Meynier, Petitot, Percier, Picot, Abel de Pujol, Ramey père (1), Ramey fils, Regnault, Richomme, le comte Siméon, Tardieu, baron Taylor, Thevenin, le comte Turpin de Crissé, Carle Vernet, Horace Vernet.

Divers artistes

Mme Ancelot; Ansiaux, peintre; Bra, statuaire; Daguerre, peintre; Debay père, statuaire; Mme Hersent, peintre;

(1) Deux portraits.

Mme Haudebourt-Lescot, peintre; Mme Jacquotot, peintre; Mme de Mirbel, peintre; Raggi, statuaire; Redouté, peintre; Taunay, peintre; Vandaël, peintre; Watelet, peintre.

HERBELIN (Mme JEANNE-MATHILDE), *née à Brunoy (Seine-et-Oise), élève de M. Belloc.*

200. Portrait de Mme Andryane.

H. 0,129. — L. 0.106.

Miniature sur ivoire donnée par l'auteur.

(Salon de 1849.)

INGRES. (Voir page 23.)

201. Cartons d'après lesquels ont été exécutés les vitraux qui décorent les chapelles de Dreux et de Saint-Ferdinand, à Sablonville, dédiées à Notre-Dame-de-la-Compassion.

Chapelle de Saint-Ferdinand.

Saint Philippe. — Saint Rupert. — Saint Charles-Borromée. — Saint François d'Assise. — Saint Ferdinand, roi. — Saint Raphaël, archange. — Saint Henri, empereur. — Saint Clément d'Alexandrie. — Saint Louis, roi. — Saint Antoine de Padoue. — Sainte Adélaïde. — Sainte Hélène, impératrice. — Sainte Rosalie. — Sainte Amélie, reine.

La Foi. — L'Espérance. — La Charité.

Chapelle de Dreux.

Saint Denis. — Saint Remy. — Saint Germain. — Sainte Clotilde. — Sainte Geneviève. — Sainte Radegonde. — Sainte Isabelle de France. — Sainte Bathilde.

202. Portrait de M. Martin; dessin à la mine de plomb, portant la date de 1825.

LAMI (EUGÈNE), *né à Paris, élève de Gros et d'Horace Vernet; chevalier de la Légion-d'honneur en 1837, officier en 1862.*

203. Souper dans la salle de spectacle de Versailles.

Aquarelle, faisant partie de la série des dessins représentant les scènes diverses de la fête de Versailles offerte par l'Empereur à la reine d'Angleterre, en 1855.

SCHNETZ. (Voir page 35.)

204. Saint Philibert rachetant les captifs.

Dessin au crayon noir et à l'estompe, pour l'exécution d'un des tableaux qui décorent l'église Notre-Dame-de-Lorett

H. 0, 96. — L. 0, 70

VIDAL (VINCENT), *né à Carcassonne (Aude), élève de P. Delaroche; chevalier de la Légion-d'Honneur en* 1852.

205. L'ange déchu.

Mes ailes demeuraient sans vigueur, immobiles comme elles l'ont été depuis cette heure funeste, comme elles le seront à jamais; ainsi l'ordonne un Dieu offensé.

H. 0, 79. — L. 0, 62. — Dessin.

(Salon de 1849.)

206. Une larme de repentir.

O pécheur! n'en est-il pas ainsi des pleurs du repentir? Quelque saignantes que soient les plaies qui le rongent au dedans, une larme venue du ciel les a toutes guéries.

H. 0, 79. — L. 0, 62. — Dessin.

(Salon de 1849.)

207. Polymnie.

H. 0, 75. — L. 0, 54. — Dessin aux divers crayons.

(Salon de 1849.)

SCULPTURE.[1]

AIZELIN (EUGÈNE), *né à Paris, élève de Ramey et de M. Dumont.*

208. Psyché.

Figure de marbre. — Gr. nat.

(Salon de 1863.)

BARYE (ANTOINE-LOUIS), *né à Paris, élève de Bosio et de Gros, chevalier de la Légion-d'Honneur en 1833, officier en 1855.*

209. Un jaguar dévorant un lièvre.

Bronze.

(Salon de 1852.)

BONNASSIEUX (JEAN-MARIE), *né à Pannissières (Loire), élève de M. Dumont; grand prix de Rome en 1836, chevalier de la Légion-d'Honneur en 1855.*

210. Un Amour se coupant les ailes.

Figure de marbre. — Gr. nat.

(Salon de 184)

211. La Méditation.

Figure de marbre. — Gr. nat.

(Salon de 1855.)

CAVELIER (PIERRE-JULES), *né à Paris, élève de David d'Angers et de P. Delaroche; grand prix de Rome en 1842, médaille d'honneur en 1849, chevalier de la Légion-d'Honneur en 1853, officier en 1861; membre de l'Institut en 1865.*

212. La Vérité.

Figure de marbre. — Gr. nat.

(Salon de 1853.)

---

(1) Les sculptures données au Sénat ne sont pas comprises dans ce Catalogue.

213. Buste de femme,

Marbre. — Gr. nat.

(Salon de 1852.)

214. La Mère des Gracques.

Groupe de marbre. — Gr. nat.

(Salon de 1861.)

DUMONT (AUGUSTIN-ALEXANDRE), *né à Paris, élève de son père et de Cartellier ; grand prix de Rome en* 1823, *chevalier de la Légion-d'Honneur en* 1836, *membre de l'Institut en* 1838, *officier en* 1841.

215. Étude de jeune femme.

Figure de marbre. — Gr. nat.

(Salon de 1844.)

DURET (FRANÇOIS-JOSEPH), *né à Paris, élève de Bosio, grand prix de Rome en* 1823, *chevalier de la Légion-d'Honneur en* 1833, *membre de l'Institut en* 1843, *officier en* 1853; *mort en* 1865.

216. Jeune pêcheur dansant la Tarentelle (souvenirs de Naples).

Statue de bronze fondue d'un seul jet par M. Honoré, fondeur. — Gr. nat.

(Salon de 1833.)

217. Vendangeur improvisant sur un sujet comique (souvenir de Naples).

Statue en bronze. — Gr. nat.

(Salon de 1839.)

FRÉMIET (EMMANUEL), *né à Paris, élève de Rude; chevalier de la Légion-d'Honneur en* 1860.

218. Le chien blessé.

Bronze. — Gr. nat.

(Salon de 1850.)

GASTON-GUITTON (VICTOR-ÉDOUARD), *né à Napoléon-Vendée (Vendée), élève de Sartoris et de Rude.*

219. Léandre.

Déjà de son azur la nuit voilait les cieux,
Et de Léandre seul n'endormait pas les yeux;
Mais, près des flots bruyants qui battent le rivage,
Il attend des amours le lumineux message.

Figure de marbre. — Gr. nat.

(Salon de 1857.)

220. Le Passant et la Colombe.

D'où viens-tu, colombe timide?
D'où vient ce parfum précieux
Que ton aile, en son vol rapide,
Exhale et répand vers les cieux?

ANACRÉON, *ode* IX.

Statue de bronze.

(Salon de 1861.)

GATTEAUX (JACQUES-ÉDOUARD), *né à Paris, élève de son père et de Moitte; grand prix de Rome (Gravure en médailles) en* 1809, *chevalier de la Légion-d'Honneur en* 1833, *membre de l'Institut en* 1845, *officier en* 1861.

221. Minerve après le jugement de Pâris.

Figure de bronze. — Gr. nat.

(Salon de 1839.)

GUILLAUME (CLAUDE-JEAN-BAPTISTE-EUGÈNE), *né à Montbard (Côte-d'Or), élève de Pradier; grand prix de Rome en* 1845, *chevalier de la Légion-d'Honneur en* 1855, *membre de l'Institut en* 1862.

222. Anacréon.

Statue e marbre. — Gr. nat.

(Salon de 1852.)

223. Les Gracques.

Groupe de bronze. — Gr. nat.

(Salon de 1853.)

ISELIN (HENRI-FRÉDÉRIC), *né à Clairegoutte (Haute-Saône), élève de Rude, chevalier de la Légion-d'Honneur en* 1863.

224. Jeune Romain.

Buste de marbre. — Gr. nat.

(Salon de 1852.)

JALEY (JEAN-LOUIS-NICOLAS), *né à Paris, élève de Cartellier; grand prix de Rome en* 1827, *chevalier de la Légion-d'Honneur en* 1837, *membre de l'Institut en* 1856.

225. La Prière.

Figure de marbre. — Gr. nat.

(Salon de 1833.)

226. La Pudeur.

Figure de marbre. — Gr. nat.

(Salon de 1834.)

JOUFFROY (FRANÇOIS), *né à Dijon (Côte-d'Or), élève de Ramey fils, grand prix de Rome en 1832, chevalier de la Légion-d'Honneur en 1843, membre de l'Institut en 1857, officier en 1861.*

227. Jeune fille confiant son premier secret à Vénus.

Figure de marbre. — Gr. nat.

(Salon de 1839.)

LEMAIRE (PHILIPPE-HENRI), *né à Valenciennes (Nord), élève de Cartellier, grand prix de Rome en 1821, chevalier de la Légion-d'Honneur en 1834, officier en 1843, membre de l'Institut en 1845.*

228. Tête de Vierge.

Marbre. — Gr. nat.

(Salon de 1846.)

MAILLET (JACQUES-LÉONARD), *né à Paris, élève de Pradier; grand prix de Rome en 1847, chevalier de la Légion-d'Honneur en 1861.*

229. Agrippine et Caligula.

Quel spectacle digne de pitié, de voir l'épouse de Germanicus se sauver du camp de son époux, emportant son enfant dans ses bras (TACITE).

Groupe de marbre. — Gr. nat.

(Salon de 1853.)

230. Agrippine portant les cendres de Germanicus.

Agrippine partit de Syrie pour porter à Rome les cendres de son époux. Le sénat, le peuple, tout le monde enfin, était allé au-devant de l'urne, qu'on reçut avec autant de respect que si c'eût été le simulacre de quelque Dieu.

Figure de marbre. — Gr. nat.

(Salon de 1861.)

MICHEL-PASCAL (FRANÇOIS), *né à Paris, élève de David d'Angers.*

231. Moines lisant.

Groupe de marbre.

(Salon de 1847.)

MILLET (AIMÉ), *né à Paris, élève de son père, de David d'Angers et de M. E. Viollet le Duc; chevalier de la Légion-d'Honneur en* 1859.

232. Ariane.

Figure de marbre. — Gr. nat.

(Salon de 1857.)

MOREAU (MATHURIN), *né à Dijon (Côte-d'Or), élève de Ramey et de M. A. Dumont.*

233. Une fileuse.

Figure de marbre. — Gr. nat.

(Salon de 1861.)

NANTEUIL (CHARLES-FRANÇOIS LEBOEUF-), *né à Paris, élève de Cartellier; grand prix de Rome en* 1817, *membre de l'Institut en* 1831, *chevalier de la Légion-d'honneur en* 1837.

234. Eurydice.

Figure de marbre. — Gr. nat

(Salon de 1824.)

OLIVA (ALEXANDRE-JOSEPH), *né à Saillagouze (Pyrénées-Orientales), élève de Delestre.*

235. Rembrandt.

Buste de bronze. — Gr. nat.

(Salon de 1853.)

236. Portrait du R. P. Ventura de Raulica, ancien général des Théatins, consulteur de la Sacrée Congrégation des Rites, examinateur des évêques et du clergé romain.

Buste en marbre.

(Salon de 1857.)

PERRAUD (JEAN-JOSEPH), *né à Money (Jura), élève de Ramey et de M. Dumont; grand prix de Rome en* 1847, *chevalier de la Légion-d'Honneur en* 1857.

237. Enfance de Bacchus.

Groupe de marbre qui a obtenu la médaille d'honneur au salon de 1863.

Figure gr. nat.

SALMSON (JEAN-JULES), *né à Paris, élève de Ramey, de Toussaint et de M. Dumont.*

238. La dévideuse, statue, bronze.

Fig. de bronze, — Gr. nat.

(Salon de 1863.)

SCHRODER (LOUIS), *né à Paris, élève de Rude.*

239. L'Amour attristé à la vue d'une rose effeuillée.

Statue de marbre. — Gr. nat.

(Salon de 1852.)

D'APRÈS L'ANTIQUE.

HOUDON, 1788.

240. Vestale.

Buste en marbre.

TABLE ALPHABÉTIQUE
DES ARTISTES
DONT LES OUVRAGES SONT EXPOSÉS
AU MUSÉE IMPÉRIAL DU LUXEMBOURG.

SUPPLÉMENT [1].

PEINTURE.

AMAURY-DUVAL (EUGÈNE-EMMANUEL), *né à Paris, élève de M. Ingres, chevalier de la Légion-d'Honneur en 1845.*

241. Étude d'enfant.

H. 1,28. — L. 0,85. — Fig. gr. nat.

(Salon de 1864.)

242. La Salutation angélique.

Tableau de forme cintrée. — H. 1,70. — L. 1,28. — Fig. de 1,15.

ANASTASI (AUGUSTE). (Voir page 2.)

243. Terrasse de la Villa Pamphili (Rome) ; au fond le dôme de Saint-Pierre.

H. 0,52. — L. 1,00

(Salon de 1864.)

---

(1) Le Musée du Luxembourg est remanié chaque année pour faire place aux œuvres nouvelles acquises par la Surintendance des Beaux-Arts. Par suite des dernières mutations, qui ont introduit dans les galeries les peintures, dessins et sculptures, objet du présent supplément, les ouvrages catalogués sous les nos 4, 12, 65, 108, 114, 118, 147, 175, ont été retirés du Musée.

APPERT (EUGÈNE), *né à Angers (Maine-et-Loire), élève de M. Ingres, chevalier de la Légion-d'Honneur en* 1859.

244. Le pape Alexandre III.

Proscrit de Rome par l'anti-pape Calixte, il vint, déguisé en mendiant, frapper un jour à la porte d'un couvent. Reconnu aussitôt et acclamé par les moines comme le véritable Saint-Père, il leur donne sa bénédiction.

H. 1,40. — L. 1,95. — Fig. de 0,48.

(Salon de 1864.)

BERCHÈRE (NARCISSE), *né à Étampes (Seine-et-Oise), élève de Renoux et de M. Rémond.*

245. Crépuscule (Nubie inférieure).

H. 1,00 — L. 1,43.

(Salon de 1864.)

BRENDEL (ALBERT), *né à Berlin (Prusse).*

246. Bergerie à Barbison.

H. 1,15. — L. 1,45.

(Salon de 1863.)

BRION (GUSTAVE). (Voir page 7.

247. La fin du Déluge.

..... La colombe revint auprès de lui vers le soir; voilà qu'une feuille arrachée d'un olivier était dans son bec; alors Noé comprit que les eaux avaient diminué sur la terre.

(*Genèse*, ch. VIII, v. 11.)

H. 0,90. — L. 1,60

(Salon de 1864.)

CHAPLIN (CHARLES), *né aux Andelys (Eure), élève de Drolling.*

248. Les bulles de savon.

H. 1,15. — L. 0,90. — Demi-figure, gr. nat

lon de 1864.)

CIBOT (ÉDOUARD), *né à Paris, élève de Guérin et de M. Picot, chevalier de la Légion-d'Honneur en 1863.*

249. Le gouffre, près Seineport (Seine-et-Marne).

H. 0,65. — L. 1,02.

(Salon de 1864.)

DAUBAN (JULES), *né à Paris, élève de M. A. de Bay.*

250. Réception d'un étranger chez les trappistes.

H. 1,28. — L. 1,62. — Fig. de 0,70.

(Salon de 1864.)

DUVERGER (THÉOPHILE-EMMANUEL), *à Bordeaux.*

251. Cache-cache.

H. 0,42. — L. 0,64. — Fig. de 0,22.

(Salon de 1864.)

FLANDRIN (HIPPOLYTE). (Voir page 16.

252. Portrait de S. M. l'Empereur.

H. 2,10. — L. 1,45.

(Salon de 1863.)

FLANDRIN (PAUL). (Voir page 16.)

253. La solitude, paysage.

H. 0,60. — L. 0,50.

GLAIZE (AUGUSTE-BARTHÉLEMY), *né à Montpellier, élève d'Achille Devéria et de M. Eugène Devéria, chevalier de la Légion-d'Honneur en 1855.*

254. Les écueils.

H. 1,22. — L. 2,50. — Fig. de 0,60.

HAMMAN (ÉDOUARD-JEAN-CONRAD), *né à Ostende (Belgique), chevalier de la Légion-d'Honneur en 1864.*

255. Enfance de Charles-Quint; une lecture d'Erasme (Bruxelles 1511).

H. 0,72. — L. 0,92. — Fig. de 0,45.

(Salon de 1863.)

LANOUE (FÉLIX-HIPPOLYTE). (Voir page 26.)

256. Vue du Tibre, prise de l'Aqua-Acetosa : campagne de Rome.

H. 0,75. — L. 1,50.

(Salon de 1864.)

LELEUX (ARMAND). (Voir page 28.)

257. La partie d'échecs : abbés italiens.

H. 0,72. — L. 0,65. — Fig. de 0,35.

(Salon de 1864.)

LEROUX (EUGÈNE), *né à Paris, élève de M. Picot.*

258. Le nouveau-né, intérieur bas-breton.

H. 1,00 — L. 1,30. — Fig. de 0,60.

(Salon de 1864.)

LEROUX (HECTOR), *né à Verdun, élève de M. Picot.*

259. Funérailles au columbarium de la maison des Césars, porte Capène à Rome.

H. 1,40. — L. 1,00 — Fig. de 0,30.

(Salon de 1864.)

MARCHAL (CHARLES-FRANÇOIS). (Voir page 29.)

260. La foire aux servantes, à Bouxwiller (Alsace).

H. 1,10. — L. 1,75. — Fig. de 0,60.

(Salon de 1864.)

MEISSONIER (JEAN-LOUIS-ERNEST), *né à Lyon, élève de M. Léon Cogniet; chevalier de la Légion-d'Honneur en* 1846, *officier de la Légion-d'Honneur en* 1856; *membre de l'Institut en* 1861.

261. L'Empereur à Solférino.

H. 0,45. — L. 0,75. — Fig. de 0,07.

(Salon de 1864.)

PATROIS (ISIDORE), *né à Noyers (Yonne), élève de MM. Monvoisin et Lenfant.*

262. Procession des Saintes-Images aux environs de Saint-Pétersbourg (Russie). Cette procession, qui se renouvelle tous les ans, rappelle celle qui fut ordonnée en 1832 à l'occasion du choléra.

H. 0,82. — L. 1,30. — Fig. de 0,52.

(Salon de 1861.)

PENGUILLY-L'HARIDON (Voir page 31.)

263. Le tripot.

H. 0,42. — L. 0,50. — Fig. de 0,27.

(Salon de 1847.)

RANVIER (JOSEPH-VICTOR), *né à Lyon, élève de MM. Janmot et Richard.*

264. La chasse au filet.

H. 0,54. — L. 1,05. — Fig. de 0,75.

(Salon de 1864.)

SCHREYER (ADOLPHE), *né à Francfort-sur-le-Mein (Allemagne).*

265. Chevaux de cosaques irréguliers, par un temps de neige.

H. 1,94. — L. 3,00.

(Salon de 1864.

SCHUTZENBERGER (LOUIS-FRÉDÉRIC). (Voir page 35.)

266. Centaures chassant un sanglier.

H. 1,08. — L. 2,00 — Fig. demi-nat.

(Salon de 1864.)

DESSINS.

APPIAN (ADOLPHE), *né à Lyon, élève de MM. Corot et Daubigny*

267. Retour des champs ; dessin au fusain.

H. 0,55. — L 1,05.

(Salon de 1864.)

DELACROIX (EUGÈNE). (*Voir page* 13.)

268. Tête de lion ; aquarelle.

H. 0,21. — L. 0,22.

(Vente Eug. DELACROIX, n° 469 du Catalogue.)

269. Étude, au pastel, de l'une des femmes assises, pour le tableau des femmes d'Alger dans leur appartement, faisant partie du musée du Luxembourg. (V. n° 57.)

H. 0,28. — L. 0,43.

(Vente Eug. DELACROIX, n° 328 du Catalogue.)

270. Chasse au lion, l'affût ; à la mine de plomb.

H. 0,23. — L. 0,29.

(Vente Eug. DELACROIX, n° 443 du Catalogue.)

271. Maréchal-ferrant arabe; à la mine de plomb.

H. 0,17. — L. 0,28.

(Vente Eug. DELACROIX, n° 423 du Catalogue.

272. Lion dévorant un cheval; à la mine de plomb.

H. 0,16. — L. 0,27.

(Vente Eug. DELACROIX, n° 478 du Catalogue.)

TOURNY (JOSEPH-GABRIEL), *né à Paris, élève de M. Martinet. Premier Grand Prix de Rome* (*Gravure*) **1846.**

273. Deux moines près d'un bénitier ; étude à l'aquarelle.

H. 0,60. — L. 0,28.

(Salon de 1864.)

SCULPTURE.

DUBOIS (PAUL), *né à Nogent-sur-Seine (Aube), élève de Toussaint.*

274. Saint Jean, enfant.

Statue de bronze. — Gr. nat.

(Salon de 1864.)

FALGUIÈRE (ALEXANDRE), *né à Toulouse, élève de M. Jouffroy, Premier Grand Prix de Rome* 1859.

275. Un vainqueur au combat de coqs.

Statue de bronze. — Gr. nat.

(Salon de 1864.)

LEHARIVEL-DUROCHER (VICTOR), *né à Chanu (Orne), élève de M. Belloc, de Ramey fils et de M. A. Dumont.*

276. Être et paraître.

Fig. de marbre. — Gr. nat.

(Salon de 1861.)

MONTAGNY (ÉTIENNE), *né à Saint-Étienne, élève de David d'Angers et de Rude.*

277. Saint Louis de Gonzague.

Statue en terre cuite. — Gr. nat.

(Salon de 1864.)

MOULIN (**HIPPOLYTE**), *né à Paris, élève de M. Barye.*

278. Une trouvaille à Pompéi.

Statue de bronze. — Gr. nat.

(Salon de 1864.)

2e SUPPLÉMENT [1].

PEINTURE.

ACHENBACH (OSWALD), *né à Dusseldorf (Prusse), élève de M. André Achenbach, chevalier de la Légion-d'Honneur en* 1863.

279. Une fête à Genazzano (États Romains.)

H. 1,37. — L. 1,11. — Fig. de 0,20.

(Salon de 1865.)

ALIGNY (THÉODORE CARUELLE D'). (Voir pages 1 et 39.)

280. La chasse, soleil couchant.

H. 0,28. — L. 0,40.

(Salon de 1865.)

BERTIN (FRANÇOIS-ÉDOUARD), *né à Paris, chevalier de la Légion-d'Honneur en* 1833.

281. Vue d'un ermitage dans une ancienne excavation étrusque, près de Viterbe.

H. 1,25. — L. 1,72. — Fig. de 0,30.

---

(1) Pour faire place aux peintures et dessins dont les désignations suivent, on a dû retirer du Musée du Luxembourg les ouvrages catalogués sous les numéros 1, 17, 23, 36, 116, 136, 150, 156, 162, 169, 176 et 185.

BUSSON (CHARLES), *né à Montoire (Loir-et-Cher), élève de MM. Rémond et Français.*

282. Chasse au marais, dans le Berry.

H. 1,07. — L. 1,42.

(Salon de 1865.)

CHEVANDIER DE VALDROME (PAUL), *né à Saint-Quirin (Meurthe), élève de Marilhat et de M. Picot.*

283. Côtes des environs de Marseille ; soleil couchant.

H. 0,44. — L. 0,67.

(Salon de 1865.)

DELAUNAY (JULES-ÉLIE), *né à Nantes, élève de H. Flandrin et de M. L. Lamothe, grand prix de Rome (Histoire) en* 1856.

284. La communion des apôtres.

(*Évangile* selon saint Mathieu, chap. XXVI.)

H. 2,78. — L. 2,02. — Fig. gr. nat.

(Salon de 1865.)

DORÉ (GUSTAVE-PAUL), *né à Strasbourg, chevalier de la Légion-d'Honneur en* 1861.

285. L'ange de Tobie.

H. 0,91. — L. 0,71. — Fig. de 0,20.

(Salon de 1865.)

DUVERGER (THÉOPHILE-EMMANUEL). (Voir page 55.)

286. Le laboureur et ses enfants.

H. 0,52. L 0,67. — Fig. de 0,22.

(Salon de 1865.)

GIACOMOTTI (FÉLIX-HENRI), *né à Quingey (Doubs), élève de M. Picot, grand prix de Rome (Histoire) en* 1854.

287. L'enlèvement d'Amymoné.

H. 2,23. — L. 1,62. — Fig. gr. nat.

(Salon de 1865.)

GIGOUX (JEAN). (Voir page 17.)

288. Le bon Samaritain.

(*Évangile* selon saint Luc, chap. x, v. 30 à 35.)

H. 1,28. — L. 1,87. — Fig. gr. nat.

(Salon de 1857.)

GUILLAUMET (GUSTAVE), *né à Paris, élève de MM. Picot et Barrias.*

289. Prière du soir dans le Sabarah.

H. 1,33. — L. 2,82. — Fig. de 0,35.

(Salon de 1863.)

HILLEMACHER (EUGÈNE-ERNEST), *né à Paris, élève de M. Léon Cogniet, chevalier de la Légion-d'honneur en* 1865.

290. Un confessionnal de l'église de Saint-Pierre, à Rome, le dimanche de Pâques.

H. 0,67. — L. 1,05. — Fig. de 0,30.

(Salon de 1848.)

LAFON (JACQUES-ÉMILE), *né à Périgueux, chevalier de la Légion d'Honneur en* 1859.

291. Saint Jean de Dieu, fondateur de l'ordre des hospitaliers de ce nom.

Le Christ apparaît à saint Jean de Dieu sous la figure d'un pauvre, et lui dit, après été l'objet de ses soins : « ce que tu as fait à ce pauvre, c'est à moi que tu l'as fait. »

H. 1,48. — L. 1,70. — Fig. gr. nat.

(Salon de 1865.)

MEISSONNIER (JEAN-LOUIS-ERNEST). (Voir page 56.)

292. L'Empereur, entouré de son état-major.

H. 0,15. — L. 0,12. — Fig. de 0,07.

RANVIER (JOSEPH-VICTOR), *né à Lyon, élève de MM. Janmot et Richard.*

293. Enfance de Bacchus.

H. 1,28. — L. 2,37. — Fig de 0,60.

(Salon de 1865.)

RIBOT (THÉODULE), *né à Breteuil (Eure), élève de M. Glaize.*

294. Saint Sébastien, martyr.

H. 0,97. — L. 1,30. — Fig. gr. nat.

(Salon de 1865.)

RICHOMME (JULES), *né à Paris, élève de Drolling.*

295. Saint Pierre d'Alcantara guérissant un enfant malade.

(*Les Bollandistes*, chap. 40.)

H. 2,30. — L. 1,82. — Fig. demi-nat.

(Salon de 1864.)

SARAZIN DE BELMONT (Mlle LOUISE-JOSÉPHINE), *née à Versailles, élève de Valencienne.*

296. Saint Jérôme ; paysage.

H. 0,61. — L. 0,83.

(Salon de 1865.)

SCHREYER (ADOLPHE). (Voir page 57.)

297. Charge de l'artillerie de la garde impériale, à Traktir en Crimée, le 16 août 1855.

H. 2,06. — L. 5 m. — Fig. demi-nat.

(Salon de 1865.)

SOYER (PAUL), *né à Paris, élève de M. Léon Cogniet.*

298. Dentellières à Asnières-sur-Oise.

H. 0,60. — L. 0,80. — Fig. de 0,30.

(Salon de 1865.)

VETTER (JEAN-HÉGÉSIPPE), *né à Paris, élève de Steuben, chevalier de la Légion d'Honneur en* 1855.

299. Mascarille présentant Jodelet à Cathos et à Madelon.

« — Mesdames, agréez que je vous présente ce gentilhomme-ci : sur ma parole, il est digne d'être connu de vous. »

(MOLIÈRE. *Les Précieuses ridicules*, sc. XII.)

H. 0,40. — L. 0,59. — Fig. de 0,23.

DESSINS.

S. A. I. Mme LA PRINCESSE MATHILDE, *élève de M. Eugène Giraud.*

300. Tête de jeune fille ; aquarelle.

(Salon de 1865.)

FLANDRIN (HIPPOLYTE). (Voir pages 16 et 55.)

301. Cinq études, pour les peintures de Saint-Germain-des-Prés, et réunies dans un même cadre :

1° Le Christ sur la croix, étude pour le Calvaire ; à la pierre noire.

H. 0,29. — L, 0,23.

2° La Vierge debout, les mains jointes, pour la même composition du Calvaire ; à la pierre noire.

H. 0,29. — L. 0,21.

3° Judas, figure drapée s'avançant vers la gauche, pour la composition du Judas embrassant le Christ ; à la pierre noire.

H 0,29. — L. 0,21.

4° Homme drapé debout, un bâton dans la main gauche, le bras droit levé, pour la figure de Balaam ; à la mine de plomb.

H. 0,31. — L. 0,15.

5° Homme nu debout, retenant une draperie de la main gauche, et le bras droit levé à la hauteur du front, étude pour la dispersion de Babel; à la pierre noire.

H. 0,31. — L. 0,15.

(Données par Mme veuve Hipp. Flandrin.)

ISABEY (EUGÈNE). (Voir page 24.)

302. Bois de Varangeville; prairie bordée à droite par une lisière de pins; aquarelle.

H. 0,25. — L. 0,33.

303. Le manoir Ango, à Varangeville, façade extérieure; aquarelle.

H. 0,24. — L. 0,33.

304. Rade de Saint-Malo, mer écumante venant se briser sur des rochers; aquarelle.

H. 0,19. — L. 0,31.

305. Environs de Saint-Malo, anse bordée par une plage; aquarelle.

H. 0,20. — L. 0,34.

LAFON (JACQUES-ÉMILE). (Voir page 64.)

306. Les cinq sens. — Cinq dessins, à la sanguine, de figures allégoriques, pour les peintures exécutées en 1856 au château d'Haroue (Meurthe).

H. 0,50. — L. 0,25. — Fig. de 0,30.

Typ. Charles de Mourgues frères. — 6993.

www.ingramcontent.com/pod-product-compliance
Lightning Source LLC
LaVergne TN
LVHW020427230826
846091LV00004B/1421

* 9 7 8 2 0 1 3 6 2 6 7 2 9 *